COMMENT
BIEN JOUER
L' OUVERTURE

Edmar MEDNIS
Grand-Maître International

COMMENT BIEN JOUER L'OUVERTURE

Traduit de l'anglais par
Frank LOHEAC-AMMOUN

BERNARD GRASSET

PARIS

PREFACE

Les livres sur les débuts ne manquent pas. Les raisons en sont claires : l'ouverture est une phase très importante de la partie, et une somme colossale de matériel technique a déjà été rassemblée. Ces livres sont par leur nature même encyclopédiques, et consacrés à une seule ouverture ou à certains groupes de débuts. La théorie évoluant très rapidement, ces livres contiennent immanquablement des informations qui sont devenues caduques avant même leur publication. Ils sont néanmoins indispensables au maître professionnel, comme référence et comme point de départ de ses recherches personnelles. La série des cinq volumes de l'« Encyclopédie des Ouvertures d'Echecs » représente ce qu'il existe de mieux dans le genre.

Mais que devient le joueur qui adore les Echecs et souhaite améliorer ses résultats, mais n'a ni le temps ni le désir d'apprendre des centaines de variantes ? Il a en fait besoin d'un fil directeur lui permettant d'obtenir de bonnes positions dans le début **sans** devoir s'appuyer sur des flots d'analyses mémorisées. Ce livre, qui utilise les techniques que j'ai développées au cours de nombreuses et fructueuses années d'enseignement privé et de groupe, s'adresse exactement à ce type de joueur. L'accent porte tout du long sur les principes fondamentaux. Le lecteur apprend comment choisir de bons coups de début, en commençant par le tout premier, rien qu'en respectant les trois principes de base de l'ouverture.

Cette façon de traiter le sujet étant originale, la plus grande partie du matériel pédagogique l'est aussi. Le reste provient de ce que l'on peut considérer comme les sources standard : contacts personnels, principaux périodiques échiquéens, livres. Elles sont citées dans le texte lorsque nécessaire. Baiba, ma merveilleuse épouse, m'a aidé pour ce livre comme elle l'a déjà fait pour mes précédents ouvrages. Je l'assure de ma plus profonde gratitude pour avoir tapé la totalité du manuscrit et pour m'avoir apporté son soutien moral constant.

La liste qui suit donne la signification des symboles utilisés dans le texte :

!	=	un fort coup
!!	=	un très fort coup, un coup fantastique
?	=	un mauvais coup, un coup faible
??	=	un coup horrible, une gaffe
!?	=	un coup entreprenant, un coup qui mérite examen
?!	=	un coup douteux, pour des raisons théoriques ou pratiques

Ce livre traitant de principes plus que d'analyses, les fautes échiquéennes techniques devraient être réduites à un minimum. Cependant, le jeu d'Echecs étant infiniment vaste et complexe, il est à peu près inévitable que des erreurs se soient glissées çà et là. L'auteur en endosse la pleine responsabilité, et appréciera toute collaboration de votre part pour leur détection et leur éradication.

New York, 1982

Edmar MEDNIS   9

CHAPITRE 1

Qu'est-ce que l'ouverture ?

Section 1.- Considérations générales

La phase initiale d'une partie d'Echecs est appelée « l'ouverture ». Quelle est l'importance relative de l'ouverture, par rapport au milieu de jeu et à la finale ? Cette question peut être approchée selon différents angles, mais n'admet pas de réponses définitives : un joueur d'Echecs complet doit viser à être également fort dans ces trois domaines. On peut cependant supposer que la première des choses à faire est d'étudier les débuts. Les Allemands ont un dicton qui une fois traduit donne à peu près ceci : « Une bonne ouverture, et la partie est à moitié gagnée ». Il ne faut bien entendu pas prendre ce proverbe à la lettre, mais il ne faut pas non plus le dédaigner. Prendre un rapide avantage n'est pas seulement d'un intérêt pratique évident, mais confère également un ascendant psychologique significatif. Lorsque vous savez que vous êtes bien, vous jouez plus en confiance le reste de la partie : inversement, il est possible que votre adversaire, qui se sait moins bien, ne parvienne pas à se reprendre avant le milieu de jeu qui s'ensuit. Un avantage de début peut donc parfaitement mener à un gain facile dans le milieu de partie.

Qu'est-ce que les principaux joueurs du passé cherchaient à obtenir de l'ouverture ? J.R. Capablanca pensait que le principe fondamental était « le développement rapide et efficace », avec son corollaire qui est que lorsque les pièces sont développées, elles doivent être placées sur leur « juste case ». Il donne également d'excellents conseils sur la manière dont il convient de réagir lorsqu'on est soudain confronté à un coup qui nous est inconnu — ce qui arrive souvent à tout le monde ! — : « Jouez le coup qu'impose le bon sens ». Il nous invite par là à obéir au principe général énoncé plus haut : même s'il s'avère que le coup joué n'était pas le tout meilleur (ce qui le plus souvent n'est démontré que par des analyses ultérieures) le plan qui consiste à sortir rapidement ses pièces sur des cases sûres produira dans la grande majorité des cas un coup parfaitement « bon ».

Larry Evans nous donne une définition technique moderne lorsqu'il dit « l'ouverture est une lutte pour l'espace, le temps et la force ». Svetozar Gligoric, très concerné par la rapidité d'entrée en action des pièces, met le facteur temps en relief. Selon lui, « l'utilisation rationnelle du temps dans l'ouverture requiert généralement que chaque coup serve au développement d'une nouvelle pièce ». Lajos Portisch a une vue des choses plus philosophique : « Votre seul devoir, dans l'ouverture, est d'obtenir un milieu de jeu jouable ». Les parties d'Anatoli Karpov montrent que ce dernier partage les vues de Portisch. Robert J. Fischer a une approche beaucoup plus exigeante : il préfère balayer l'adversaire de l'échiquier dès l'ouverture, si c'est possible.

Les buts poursuivis par les Blancs et les Noirs sont bien entendu différents. Pour les Blancs, un succès dans l'ouverture signifie qu'ils ont maintenu au moins un léger avantage. Les Noirs se montrent par contre parfaitement satisfaits s'ils ont égalisé. Fischer et Karpov ont tout deux excellé à conserver une bonne partie de l'avantage initial du trait. Jouer avec les Noirs contre eux a toujours été des plus désagréable. Le but que Karpov s'est assigné avec les Noirs a complètement changé depuis qu'il est devenu champion du monde en 1975. Avant cette date, parvenir à une égalité saine et solide — et finalement à la nulle — contre les grands-maîtres de classe mondiale le satisfaisait complètement. Mais en tant que champion du monde, gagner toutes les parties l'intéresse : son répertoire avec les Noirs est donc devenu considérablement plus dynamique.

Pour Fischer, les positions dynamiques ont toujours constitué la règle. C'est pourquoi ses principales armes avec les Noirs ont été la Sicilienne variante Najdorf contre 1. e4, l'Est-Indienne et la Grünfeld contre 1. d4. Ces systèmes d'ouvertures réclament un jeu excessivement précis de la part des Blancs, sinon l'initiative passe aux mains des Noirs, Fischer adore ce type de situations et se trouve toujours prêt à saisir la première chance qui s'offre à lui. Sa première préoccupation est néanmoins de jouer sainement aux Echecs, faisant ce que la position requiert. Il accepte le fait qu'il lui faudra travailler longtemps pour égaliser si le jeu blanc est parfait. On trouve rarement de brusques manifestations d'activité injustifiée dans ses parties. Robert Byrne raconte que lors d'une séance d'analyses commune vers la fin des années soixante, Fischer en regardant certaines des parties de Byrne exprimait sa surprise chaque fois que ce dernier se précipitait à l'attaque avec les Noirs. Désapprobateur, il lui disait : « Avec les Noirs, il faut égaliser avant toute chose ».

D'une façon générale, on peut légitimement affirmer que dans l'ouverture les Blancs doivent viser à obtenir au moins un léger avantage, tandis que les Noirs doivent aspirer à l'égalisation. Selon que le but principal des Noirs est le gain ou la nulle, ils rechercheront une égalité dynamique ou tranquille. Cela signifie-t-il que l'on ne peut jouer aucun autre coup que celui que la théorie officielle considère comme actuellement le meilleur ? Bien sûr que non. D'autres coups ou plans sont souvent jouables, soit pour des raisons pratiques, soit pour des raisons psychologiques. Par exemple, la valeur d'un coup-surprise face à un adversaire connu pour se sentir mal à l'aise dès que l'on sort de la théorie peut être considérable. Ou bien encore un joueur peut connaître, comprendre et aimer jouer une variante que les théoriciens considèrent comme légèrement inférieure. Tout bien considéré, chaque joueur ferait bien de jouer ce qu'il aime et comprend le mieux. Il est cependant important de conserver ce faisant une certaine logique. Il est aberrant pour les Blancs de choisir volontairement une variante qui donne l'initiative à l'adversaire si celui-ci joue correctement. Les Blancs devraient limiter leurs expérimentations aux coups qui aboutissent au pire à l'égalité. De leur côté les Noirs ne doivent pas s'aventurer dans une ligne de jeu où ils seront — si les Blancs jouent bien — soumis à si rude épreuve que leurs chances de récupération sont problématiques. L'expérimentation noire devrait se borner à des coups qui ne finissent par conférer qu'un léger avantage blanc. L'infériorité additionnelle des Noirs par rapport aux meilleures lignes théoriques devant rester minimale.

Jusqu'où se poursuit l'ouverture ? La ligne séparant la fin de l'ouverture du début du milieu de jeu est floue. De nombreux livres d'ouverture actuels offrent des analyses se poursuivant souvent jusqu'au vingtième coup et au-delà. Il est clair que l'on est déjà entré dans le milieu de jeu. Un critère facile consiste à considérer que l'on est prêt pour le milieu de jeu dès que le développement initial est achevé. C'est normalement le cas après les dix ou quinze premiers coups. On peut également considérer que l'ouverture est achevée lorsqu'au moins l'un des joueurs a atteint la plupart des objectifs spécifiques à la phase d'ouverture. Ces buts ou objectifs sont passés en revue dans la section suivante.

Pour bien jouer, l'essentiel est finalement de comprendre les Echecs. S'il est nécessaire de posséder une somme de connaissances spécifiques non négligeable pour traiter convenablement l'ouverture, il est encore beaucoup plus utile de savoir jouer de bons coups de début que d'apprendre par cœur tout un tas de variantes compliquées. Capablanca n'était pas un expert en théorie, comme il l'admettait lui-même. En 1919, un match fut arrangé à La Havane entre lui et le maître Serbe Kostic, qui était renommé pour sa mémorisation encyclopédique des ouvertures. Capa le décrivait ainsi : « Kostic connaît par cœur toutes les parties jouées par des maîtres ces vingt dernières années, ainsi qu'un nombre considérable de parties plus anciennes ». Cela n'a pas abattu Capablanca, qui, grâce à sa compréhension beaucoup plus profonde des Echecs, a enlevé facilement les cinq premières parties. Kostic, malgré sa grande connaissance des débuts, préféra abandonner le match.

Section 2.- Principes spécifiques

Quand une science sort de l'enfance et se voit largement acceptée, les phénomènes qui semblaient à première vue tenir de la sorcellerie sont expliqués par la logique et vérifiés par l'expérience. Les Echecs ont aujourd'hui atteint ce stade. Les scientifiques les plus renommés (joueurs de premier plan) sont d'accord sur les principes de base et sur leur signification. On peut affirmer avec la certitude de ne pas se tromper que les principes fondamentaux de l'ouverture ne seront pas remis en question par de nouvelles découvertes dans un proche avenir. Ces principes peuvent être considérés comme à peu près universels. Les principes décrits dans ce livre demeureront donc valides pendant au moins la centaine d'années à venir.

Cela ne signifie cependant pas que le temps des découvertes est révolu. Ce serait plutôt le contraire. De nombreux schémas d'ouverture nouveaux sont encore à inventer, et notre compréhension des débuts existants ne peut que s'améliorer. Approfondir nos connaissances sur certains systèmes tenus actuellement pour peu satisfaisants permettra peut-être d'en réhabiliter tout ou partie. La voie sur laquelle s'engageront les découvertes devrait cependant être positive. Je pense que de nombreux nouveaux plans de valeur seront mis au point. Il n'existe par contre aucune raison de penser qu'une ligne actuelle basée à la fois sur une saine logique et sur le succès pratique puisse soudain se révéler incorrecte. Les outils offerts par ce livre pour apprendre à trouver de bons coups de début vont donc demeurer valides. Les bons coups vont rester bons ; les progrès de la théorie d'ouverture mèneront à la découverte d'autres bons coups.

Il y a trois points sensibles dans le traitement du début : la sécurité du Roi, le développement des pièces et le contrôle du centre. L'importance du Roi n'est pas discutable et personne ne conteste qu'il doive être mis en sûreté dans le milieu de jeu. Sa sécurité doit cependant représenter un de nos soucis dès le tout premier coup. Il est incorrect de penser que notre Roi est à l'abri simplement parce que l'adversaire n'a pas encore sorti beaucoup de pièces. Il faut aussi penser que les défenseurs potentiels du Roi ne sont pas encore mobilisés. Une fin soudaine peut guetter même le Roi blanc. Deux exemples grotesques : (1) 1. f4 e6 2. g4?? ♛h4 mat ; (2) 1. d4 ♞f6 2. ♞d2?! e5! 3. d×e5 ♞g4 4. h3?? ♞e3!! et les Blancs abandonnèrent dans une partie entre deux maîtres français, car « l'obligatoire » 5. f×e3 permet 5. ... ♛h4+ 6. g3 ♛×g3 mat. On a déjà discuté de la logique qui commandait un développement rapide et efficace : il n'est donc pas nécessaire d'y revenir maintenant.

Par contre, la majorité des amateurs n'apprécie pas à sa juste valeur l'importance du centre. Le centre et le contrôle du centre sont de la plus haute importance et pour le début et pour le milieu de jeu. Si l'on considère des sports très populaires comme le basket-ball, le hockey sur glace, le football ou le rugby, nous nous apercevons que la majorité des actions prennent place au milieu du terrain. Des escarmouches locales peuvent se produire dans les coins, les extrémités ou les côtés, il n'en reste pas moins que le jeu réel démarre généralement au centre ou près du centre. La situation est la même aux Echecs. Le centre proprement dit est formé des cases d4, e4, d5, e5 (entourées d'une ligne pleine sur le diagramme 1), qui sont les quatre cases les plus importantes de l'échiquier. Je les nomme cases centrales primaires. Les cases qui jouxtent ces cases primaires revêtent également une importance extrême. Je les nomme cases centrales secondaires ; elles forment un carré plus vaste délimité par ç3-ç6-f6-f3, comme le montrent les lignes pointillées sur le diagramme 1.

Du strict point de vue de leur importance centrale, les cases secondaires qui se trouvent le long de la colonne « ç » sont d'une importance égale à celles situées sur la colonne « f ». Il semblerait donc logique d'utiliser les pions « f » respectifs pour appuyer l'action centrale, comme on le fait avec les pions « ç ».

1

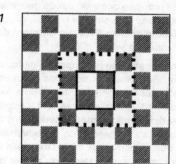

Cases centrales
primaires et secondaires

Mais si l'on prend en compte la nécessaire sûreté du Roi, l'on s'aperçoit que

ce n'est pas souhaitable, tout mouvement du pion « f » affaiblissant la position de son monarque. Ce facteur est toujours important avec un Roi au centre, et reste souvent non négligeable même après que le Roi ait effectué le petit roque. Cela ne signifie bien entendu pas que l'utilisation à des fins centrales du pion « f » soit tabou, mais qu'il est nécessaire de s'assurer — quand on envisage ce type d'action — que l'avantage que l'on va retirer au centre n'est pas surpassé par une diminution de la sécurité du Roi. L'utilisation du pion « ç » n'est pas soumise à ces contraintes, sauf si l'on envisage de roquer sur l'aile-dame. Il découle également de ce que l'on vient de dire que les faiblesses des cases sur la colonne « f », au voisinage du Roi, sont potentiellement beaucoup plus dangereuses que des faiblesses identiques situées sur l'aile-dame ; c'est-à-dire qu'une vulnérabilité en f2, f3, f4 est plus grave qu'en ç2, ç3, ç4. D'une façon générale, le pion « ç » est l'instrument naturel d'une action centrale, tandis qu'il faut être certain que le Roi restera en sûreté avant d'utiliser le pion « f » dans un même but.

L'importance du contrôle du centre a été comprise par les joueurs qui suivaient la théorie dès le dix-neuvième siècle, quand Wilhelm Steinitz commença à développer les principes stratégiques. En ce temps-là, contrôle du centre était synonyme d'occupation.

2

Contrôle de d4

Ainsi pour contrôler d4, par exemple, on pensait que les Blancs devaient disposer une pièce ou un pion sur cette case. Notre compréhension du jeu central fit un grand bond en avant dans la deuxième décennie du vingtième siècle grâce à l'école Hypermoderne. Ce qui était important, selon elle, était non pas la possession mais le contrôle, qu'il était même parfois avantageux d'opérer de loin ! En effectuant la synthèse des vérités fondamentales exprimées par les magisters classiques et les hypermodernes, nous avons finalement appris que le centre et son contrôle étaient d'une importance vitale. Etant sans préjugés, nous avons finalement conclu que l'une et l'autre manières étaient généralement d'égale valeur. Si nous observons la case d4 dans le diagramme 2, n'importe laquelle des méthodes de contrôle suivantes est équivalente :

a) 1. d4

b) 1. e3

c) 1. ♘f3

d) 1. b3, suivi de 2. ♗b2

e) 1. ç3

Pour faire parler l'avantage du trait, les Blancs ont mieux que les possibilités b) et e). Cependant toutes sont interchangeables en ce qui concerne le contrôle de d4. Si dans une ouverture particulière il devient nécessaire de contrôler d4, chacune d'elles peut être envisagée avec une conscience tranquille.

Avec tout cet acquis en tête, il est maintenant possible de formuler les trois principes d'ouverture correcte suivants :

1) Mettez votre Roi en sécurité en roquant.

2) Développez vos pièces vers le centre afin qu'elles soient prêtes à l'action pour le milieu de jeu.

3) Contrôlez le centre soit a) par sa possession soit b) par l'action à court ou long rayon d'action de figures ou de pions.

Nous allons maintenant discuter des qualités spécifiques de différents coups d'ouverture dans les deux chapitres suivants. Une règle d'or doit ici être posée : si un coup de début ne tend pas vers au moins un des trois objectifs cités ci-dessus, ce ne sera pas un bon coup.

CHAPITRE 2

Valeur des coups d'ouverture blancs

Section 1.- Les coups parfaits

Pourquoi pas le meilleur ? Si l'on suit les conclusions actuelles de la théorie, cinq des premiers coups possibles des Blancs sont absolument parfaits, et il n'existe aucune raison valable de ne pas choisir l'un d'entre eux pour commencer la partie. Si ces coups sont d'égale valeur, ils mènent cependant à des types de jeu très variés, ce qui leur permet de satisfaire tous les genres de styles individuels. Choisissez votre coup et vos systèmes entre ultra-pointu et très solide, et tâchez d'obtenir les meilleures positions possibles dans le cadre de votre choix !

Ces coups parfaits sont indiqués par des flèches dans le diagramme 3. Par ordre du plus au moins actif, ce sont :

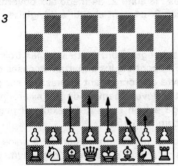

3

Les cinq premiers coups
parfaits pour les Blancs

1. e4

Le coup le plus actif. Les Blancs installent un pion sur l'importante case e4, exerçant par là-même une pression sur d5. Des diagonales sont ouvertes pour la Dame et le Fou-roi, rendant possible par la suite le rapide développement de ce dernier. Sortir le Cavalier-roi et le Fou-roi permet un roque accéléré. La caractéristique des ouvertures résultant de 1. e4 est qu'elles mènent généralement à un jeu actif et ouvert. Ce coup est utile à la réalisation des trois objectifs d'ouverture.

1. d4

Ce coup peut être considéré comme la contrepartie sur l'aile-dame de 1. e4. Les Blancs occupent l'importante case d4 par un pion, faisant ainsi pression sur e5. Une diagonale est ouverte pour le Fou-dame, ainsi qu'un bout de colonne pour la Dame. Le jeu qui suit immédiatement les ouvertures débutant par 1. d4 se concentre généralement au centre et sur l'aile-dame. Ce coup sert deux des objectifs d'ouverture. Les ouvertures résultant de 1. d4 se caractérisent principalement par un jeu stratégique actif.

1. ç4 (Anglaise)

Ce coup ne semble pas à première vue d'une utilité considérable, seul le développement de l'aile-dame étant quelque peu facilité. Son intérêt principal provient de la pression exercée sur d5, qui sera renforcée par la continuation logique 2. ♘ç3. Le Cavalier-dame est alors capable d'appliquer une pression centrale maximale, tandis que le pion « ç » a déjà été mobilisé pour ce même but. Si l'on prend en compte la suite 2. ♘ç3, l'on voit que 1. ç4 va dans le sens de deux des objectifs d'ouverture. Le jeu dans l'Anglaise se concentre généralement sur l'aile-dame, la Dame faisant un emploi fréquent des cases a4, b3 et ç2. L'Anglaise est un début stratégiquement assez actif.

1. ♘f3

Ce coup est idéal du point de vue des principes d'ouverture car il sert les trois objectifs. S'ils ne choisissent pas plus tard de transposer dans une autre ouverture, les Blancs continueront par 2. g3, 3. ♗g2 et 4. 0-0. En tout juste quatre coups ils ont roqué, exercent une pression centrale immédiate avec leur Cavalier-roi et une pression latente grâce au Fou-roi. Ce plan n'est évidemment pas très agressif, mais se trouve en plein accord avec les principes des ouvertures modernes. Souvent les parties qui ont commencé par 1. ♘f3 transposent dans d'autres lignes : la suite 2. d4 mène aux ouvertures du pion-dame, tandis que la continuation 2. ç4 peut aboutir à l'Anglaise.

1. g3

Semble passif, mais aide également à atteindre les trois objectifs d'ouverture. Après 2. ♗g2 le Fou contrôle les importantes cases centrales e4 et d5. Les Blancs peuvent suivre en accroissant la pression sur d5 par 3. ç4 et 4. ♘ç3, ou en complétant le développement de leur aile-roi par 3. ♘f3, 4. 0-0. Comme on le voit, 1. g3 est un coup très flexible et peut — bien que peu actif — être considéré comme parfait.

Il existe un sixième coup pratiquement parfait, à peine inférieur aux cinq coups que nous venons de passer en revue. C'est le symétrique de 1. g3 sur l'aile-dame : 1. b3. Après 2. ♗b2 les Blancs obtiendront une saine pression sur les cases-clé d4 et e5. Vers la fin des années soixante et le début des années soixante-dix, Bent Larsen obtint de nombreux succès avec 1. b3. C'est à juste titre que ce coup a été baptisé de son nom. Des recherches théoriques intensives ont cependant montré que 1. b3 était légèrement inférieur à 1. g3 pour les deux raisons suivantes :

1) Il n'améliore pas la sécurité du Roi en préparant le petit roque (le grand roque n'est pas satisfaisant dans ce début).

2) Il est difficile d'accroître la pression sur e5, f4 menant à l'affaiblissement de la position du Roi.

18

Section 2.- Les coups médiocres

Si quelqu'un décide de ne pas jouer un des meilleurs coups, il devrait au moins opter pour l'une des trois possibilités médiocres. Chacune d'entre elles présente des aspects positifs, mais leurs défauts inhérents font que la meilleure appréciation que l'on puisse leur donner est « médiocre ». Elles sont figurées au diagramme 4 ; ce sont :

4

Les trois premiers coups
médiocres des Blancs

1. b4
Avec le plan 2. ♗b2, visant les cases d4 et e5. De plus, le pion contrôle la case centrale secondaire ç5. Il manque par contre de protection, et après des répliques normales comme 1. ... e6 ou 1. ... e5 les Blancs devront bientôt perdre du temps à jouer a3. Notez que 1. b3 sert tout aussi bien les mêmes visées centrales, mais sans désavantage.

1. ♘ç3
Le Cavalier est placé sur sa meilleure case au centre. Cependant les Blancs rendent l'établissement d'une bonne coordination du développement des pièces vers le centre plus difficile en s'interdisant d'utiliser le pion « ç ». Le premier coup est encore un peu tôt pour pouvoir affirmer « je n'utiliserai pas mon pion « ç » ».

1. f4
Ce coup ne contribue en rien au développement et affaiblit légèrement l'aile-roi. Ce qui le sauve, c'est qu'il sert à faire pression sur la case centrale e5.

Section 3.- Les coups faibles

Tous les autres coups d'ouverture sont faibles. Ne les jouez pas ! Un bref commentaire sur chacun d'eux sera largement suffisant :

1. a3, 1. a4 perdent du temps.

1. ♘a3, 1. ♘h3 développent tous deux le Cavalier dans une direction opposée au centre.

1. h3, 1. h4 perdent du temps et affaiblissent également l'aile-roi.

1. g4 affaiblit sérieusement l'aile-roi.

1. ç3, 1. e3, 1. d3 sont inutilement passifs. Ce sont des coups raisonnables pour les Noirs, mais qui n'ont aucun sens pour les Blancs. Les Blancs doivent jouer comme les Blancs, pas comme les Noirs !

Comme je ne veux pas que vous jouiez ces coups, je ne les ai représentés sur aucun diagramme !

CHAPITRE 3

Valeur des coups d'ouverture noirs

Nous pouvons dire que d'une façon générale ce qui est bon pour les Blancs est également bon pour les Noirs, et que ce qui était mauvais pour les Blancs est encore pire pour les Noirs. Par exemple les cinq premiers coups blancs parfaits sont si bons que dans chaque cas les Noirs peuvent répondre de façon symétrique ! Par contre, le coup 1. ... g5 est équivalent au suicide. Bien entendu le premier coup blanc peut empêcher certaines réponses ou réduire la valeur de certaines autres. Nous montrerons dans les sections ci-dessous comment les Noirs doivent et ne doivent pas jouer. J'ai supposé dans tous les cas que les Blancs n'avaient ouvert qu'avec un coup parfait. Si les Blancs ont débuté autrement, les Noirs doivent jouer les mêmes bons coups. Ce qui arrivera, c'est qu'ils obtiendront une excellente position plus rapidement !

Section 1.- Les coups parfaits

Les coups parfaits sont ceux qui aident à progresser vers au moins un des objectifs d'ouverture que nous avons définis, sans pour autant comporter de défauts stratégiques ou tactiques. Nous allons les passer en revue dans l'ordre, comme dans le chapitre 2, en commençant par les répliques aux coups blancs les plus actifs.

• A) 1. e4

Les Noirs disposent des sept réponses parfaites suivantes, indiquées sur le diagramme 5 :

Les sept réponses noires
parfaites sur 1. e4

1. ... ç6

Le but principal de ce coup, qui incidemment ouvre une diagonale à la Dame, est de prendre le contrôle de d5. Les Noirs projettent de jouer 2. ... d5 afin de pouvoir obtenir, après par exemple 2. d4 d5 3. e × d5 ç × d5! un contrôle central égal à celui des Blancs. Ainsi le coup 1. ... ç6 n'est pas seulement motivé par des considérations centrales ; il prépare également la lutte contre l'actif pion-roi blanc. C'est un début sain et solide, populaire parmi les stratèges prudents. L'ancien champion du monde Tigran Petrossian en était un fervent adepte, et l'ex-champion, Anatoli Karpov, l'a sélectionné pour son match contre Spassky en 1974.

1. ... ç5

Les Noirs exercent une pression immédiate sur d4, et sont prêts à l'intensifier par ... ♘ç6. C'est la Défense Sicilienne universellement connue, qui a été un long moment l'unique réplique de Robert J. Fischer à 1. e4, et qui est actuellement la réponse noire la plus courante sur 1. e4. Nous jetterons un coup d'œil approfondi sur cette importante défense dans les chapitres 5 et 6.

1. ... d6

Les Noirs protègent la case e5 et ouvrent la diagonale de leur Fou-dame. Ce coup est généralement suivi de 2. ... ♘f6 et 3. ... g6 ; il est alors dénommé Défense Pirc. Ce début, considéré jusque vers le milieu des années 1940 comme inférieur, est maintenant reconnu comme pleinement satisfaisant.

1. ... e6

Les Noirs, comme lorsqu'ils commençaient par 1. ... ç6, se préparent à jouer 2. ... d5, prenant ainsi le ferme contrôle de d5 et faisant pression sur e4. Les diagonales du Fou-roi et de la Dame sont également ouvertes. C'est la Défense Française bien connue. L'ancien champion du monde Mikhaïl Botvinnik fut un de ses premiers adeptes. Actuellement le grand-maître de R.D.A. Wolfgang Uhlmann ne joue exclusivement qu'elle, et les grands-maîtres Victor Kortchnoï et Lajos Portisch l'ont incorporée à leur répertoire.

1. ... e5

Aussi bon que le premier coup blanc : contrôle e5 et attaque d4, tout en ouvrant des diagonales pour la Dame et le Fou-roi. Les Noirs subiront cependant une certaine pression sur le pion e5, du fait que celui-ci n'est pas défendu. Le jeu doit se poursuivre encore pour que l'on puisse dire de quel début il s'agit.

1. ... ♘f6

Stratégiquement logique, le Cavalier se développant sur sa meilleure case tout en attaquant le pion-roi adverse. Les Blancs peuvent bien entendu chasser le Cavalier par 2. e5 et gagner d'autres temps en l'attaquant encore. Cette défense fut élaborée par le champion du monde Alexandre Alekhine dans les premiers temps des « hypermodernes » années 1920, et se nomme donc d'après lui. On mit du temps avant d'établir sa correction tactique. La preuve finale de sa correction théorique fut apportée quand Fischer l'employa deux fois dans son match contre Spassky en 1972.

1. ... g6

Les Noirs développeront leur Fou-roi en g7, préparant simultanément un petit roque rapide. Ce plan fut longtemps considéré comme douteux, car donnant aux Blancs la possibilité de bâtir un fort centre. Des analyses ultérieures ayant montré que les Noirs pouvaient tenir tête à la supériorité centrale blanche initiale, on peut décerner au coup 1. ... g6 une note parfaitement convenable. Les Noirs doivent cependant comprendre parfaitement toutes les nuances de cette défense, sous peine de se faire étouffer par le centre blanc. Certains auteurs nomment ce début « Défense Moderne », mais comme une telle appellation paraîtra ridicule d'ici quelques années, je préfère la dénomination générique « Fianchetto-roi », ou l'historique « Robatsch » d'après le grand-maître autrichien Karl Robatsch.

- **B) 1. d4**

Les Noirs disposent également de sept répliques parfaites, comme le montre le diagramme 6 :

Les sept répliques noires
parfaites sur 1. d4

1. ... ç6

Se préparant à continuer par le coup désirable du point de vue central 2. ... d5. Après 2. ç4 d5 les Noirs jouent la Défense Slave du Gambit de la Dame Refusé, tandis qu'après 2. e4 d5 nous sommes rentrés par interversion dans la Défense Caro-Kann. Bien que rarement joué, 1. ... ç6 est un coup absolument parfait quand il est suivi de 2. ... d5.

1. ... ç5

Les Noirs provoquent immédiatement le pion d4. Après la réponse normale 2. d5, les Noirs ont le choix entre instaurer une formation de Vieille Benoni par ... e5 ou attaquer le pion blanc par un ultérieur ... e6, qui mène à la Benoni Moderne. Dans les deux cas les Blancs bénéficient d'un net avantage d'espace. Les Noirs doivent se défendre de façon très précise, mais s'ils y parviennent leurs perspectives sont convenables.

1. ... d6

Contrôle e5 et libère le Fou-dame. Après 2. ç4 ♞f6 nous obtenons des formations Est-Indiennes, tandis qu'après 2. e4 ♞f6 le jeu se dirige généralement vers les lignes de la Pirc (voir ci-dessus). L'immédiat 1. ... d6 est inhabituel, bien que tout à fait en accord avec les principes d'ouverture.

1. ... d5

Avec exactement les mêmes buts que l'excellent coup blanc ; permet le contrôle de d5, l'attaque de e4, ouvre la diagonale du Fou-dame et prépare le développement de la Dame.

1. ... e6

Ce coup contrôle d5 et libère à la fois la Dame et le Fou-roi. Après 2. e4 les Noirs amènent une Défense Française par 2. ... d5, tandis qu'après 2. ç4 ils ont le choix entre continuer le développement de l'aile-roi par 2. ... ♘f6 ou rentrer dans le Gambit de la Dame Refusé par 2. ... d5.

1. ... ♘f6

La réponse noire la plus flexible, et actuellement la plus populaire en tournoi. En développant leur Cavalier-roi vers le centre, les Noirs se rapprochent de la réalisation de chacun de leurs objectifs d'ouverture.

1. ... g6

Avec la même idée qu'après 1. e4 g6 : développer le Fou-roi et préparer le petit roque. Après 2. ç4 ♗g7 le jeu se rapproche des débuts fermés du pion-dame, tandis qu'après 2. e4 ♗g7 on obtient un jeu plus ouvert, caractéristique des ouvertures du pion-roi.

• C) 1. ç4

Les Noirs disposent encore de sept répliques parfaites, comme le montre le diagramme 7 :

Les sept réponses noires
parfaites à 1. ç4

1. ... ç6

Les Noirs projettent d'attaquer le pion « ç » blanc et de prendre le contrôle de d5 par l'immédiat 2. ... d5. Après 2. d4 d5 nous obtenons une Défense Slave, tandis que 2. e4 d5 mène à une variante moins fréquente de la Caro-Kann.

1. ... ç5

Copiant encore le logique plan des Blancs : les Noirs font pression sur l'importante case centrale d4 et sont maintenant prêts à développer dans de bonnes conditions leur Cavalier-dame sur sa case idéale ç6, tout en permettant à leur souveraine de participer à l'action sur l'aile-dame.

1. ... d6

Garde e5 et libère le Fou-dame. Les Noirs peuvent poursuivre par 2. ... e5, 2. ... ♘f6 ou 2. ... g6, selon leurs goûts. Bien que peu fréquent, 1. ... d6 est parfait dans tous ses aspects.

1. ... e6

Garde d5 tout en libérant la Dame et le Fou-roi. Les Noirs poursuivront soit par 2. ... d5 soit par 2. ... ♘f6.

1. ... e5

Un plan actif, par lequel les Noirs occupent une case centrale, attaquant d4 et libérant leur Dame et leur Fou-roi.

1. ... ♘f6

Toujours la réponse la plus flexible, utile à la réalisation des trois objectifs. Les Noirs peuvent choisir un grand nombre de systèmes au deuxième coup : 2. ... ç6, 2. ... ç5, 2. ... e6 et 2. ... g6.

1. ... g6

Les Noirs montrent immédiatement leur désir de développer leur Fou-roi en fianchetto. Ce plan est très flexible, et comme 1. ç4 n'est pas un coup central primaire, les Noirs n'ont pas à craindre l'édification d'un centre blanc trop puissant.

• **D) 1. ♘f3**

Les Noirs ont sept coups parfaits, comme le montre le diagramme 8 :

Les sept réponses noires
parfaites à 1. ♘f3

1. ... ç6

1. ... ç5

1. ... d6

1. ... d5

1. ... e6

1. ... ♘f6

1. ... g6

Nous avons déjà discuté ces coups ; ils ont ici les mêmes propriétés et obéissent à la même logique. Comme 1. ♘f3 n'est pas un début actif, les Noirs n'ont aucun besoin de préparer ... d5 par le coup préliminaire 1. ... ç6. Il n'y a cependant aucun inconvénient à jouer 1. ... ç6, après lequel on obtient souvent les mêmes positions qu'après 1. ... d5. Par exemple le populaire début Réti peut apparaître après 1. ♘f3 d5 2. ç4 ç6, ou bien après 1. ♘f3 ç6 2. ç4 d5.

● E) **1. g3**

Ce coup blanc étant le moins actif, chacun des huit coups noirs suivants est parfaitement jouable. Ces réponses figurent sur le diagramme 9.

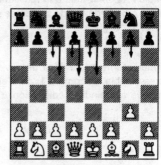

9

Les huit réponses noires
parfaites à 1. g3

1. ... ç6

1. ... ç5

1. ... d6

1. ... d5

1. ... e6

1. ... e5

1. ... ♘f6

1. ... g6

Chacun de ces coups a été étudié de façon approfondie. Les mêmes raisonnements s'y appliquent également ici. Je suis certain que le lecteur à depuis longtemps remarqué, en étudiant les différentes sections, à quel point on retrouvait les mêmes bons coups. Ce qui est bon contre un début l'est également contre un autre, parce que les mêmes principes d'ouverture s'appliquent. Les huit coups noirs parfaits, selon les principes régissant l'ouverture, sont ceux mentionnés ci-dessus. Quel que soit le premier coup blanc, vous ne pouvez pas vous tromper en choisissant l'un d'eux, sauf s'il existe une raison spécifique évidente rendant ce coup injouable.

Un autre premier coup noir mérite une mention particulière. Vers la fin des années 1970 des joueurs anglais, menés par les grands-maîtres Anthony Miles et Raymond Keene, ont commencé à jouer 1. ... b6 avec des résultats généralement bons. L'idée de ce coup est la même que celle qui sous-tend 1. ... g6 :

faire pression grâce au Fou sur deux cases centrales primaires, en l'occurrence d5 et e4. Cependant 1. ... b6 a le désavantage par rapport à 1. ... g6 de ne pas améliorer la sécurité du Roi en préparant le petit roque (le grand roque est généralement malsain dans ces variantes). L'absence du roque signifie à la fois que le Roi noir est moins en sûreté et que le contre-jeu noir au centre ne pourra être appuyé par la Tour-roi. Les Noirs trouvent une compensation partielle dans le fait que leur Fou-dame en fianchetto fait naturellement pression sur le pion e4, au cas où les Blancs joueraient pour un fort centre en poussant rapidement leur pion-roi en e4.

Il est encore trop tôt pour offrir une réponse définitive quant à la valeur objective des défenses commençant par 1. ... b6. La théorie, dans sa quête sans fin de la vérité, finira par donner sa réponse le moment venu. Je pense que le verdict sera que 1. ... b6 est légèrement trop passif pour être objectivement considéré comme parfait. Cependant, il n'est en tout état de cause qu'à peine inférieur aux coups parfaits. Il est possible qu'après le coup peu actif 1. ♘f3, il n'existe absolument plus aucun inconvénient à la réplique 1. ... b6.

Section 2.- Les coups médiocres

Quand on dispose d'autant de coups parfaits, pourquoi aller chercher ailleurs avec les Noirs ? Je n'en ai pas la moindre idée, mais il existe pourtant des gens qui pensent qu'il est préférable de « sortir l'adversaire du bouquin ». Les coups qui ont certains aspects positifs et peuvent donc être qualifiés de « médiocres » sont les suivants :

● A) 1. e4

1. ... ♘ç6. Le Cavalier-dame est développé sur sa case préférée, mais de façon trop précoce. Après 2. d4 les Blancs bénéficient d'une nette supériorité centrale, que les Noirs poursuivent par le coup d'Aron Nimzovitch 2. ... d5 ou par le coup alternatif 2. ... e5.

1. ... d5. Il est certainement logique d'attaquer le pion-roi blanc, mais le problème des Noirs est qu'après 2. e × d5 ♛ × d5 3. ♘ç3 ♛a5 4. d4 ils ont perdu du temps avec leur Dame, tandis que le pion-dame des Blancs sur la quatrième rangée confère une nette supériorité centrale à ces derniers. Cette ouverture est cependant officiellement reconnue, c'est la Défense Scandinave.

● B) 1. d4

1. ... ♘ç6. Après 2. ç4, 2. e4 ou 2. d5, les Noirs éprouvent des difficultés au centre, dues à la sortie prématurée du Cavalier-dame.

1. ... f5. La Défense Hollandaise. Les Noirs exercent un contrôle sur e4 et rêvent de chances d'attaque ultérieures sur l'aile-roi blanche. Les inconvénients de ce coup sont cependant évidents : le développement n'est pas amorcé et l'aile-roi est affaiblie. Si l'on n'est pas grand-maître, il est excessivement facile d'aboutir dans une position stratégiquement sans espoir lorsque l'on conduit le côté noir d'une Hollandaise.

• C) **1. ç4**

Les deux coups médiocres sont de nouveau 1. ... ♘ç6 et 1. ... f5. Les mêmes raisonnements que dans B) s'appliquent également ici.

• D) **1. ♘f3**

Le mieux que l'on puisse dire à propos de 1. ... ♘ç6 et de 1. ... f5 est qu'ils sont médiocres. Le développement du Cavalier-dame noir peut s'avérer bon si les Blancs poursuivent tranquillement, mais s'ils réagissent activement par 2. d4! l'obstruction volontaire du pion « ç » empêchera une fois de plus les Noirs d'obtenir une formation centrale absolument satisfaisante.

• E) **1. g3**

1. ... f5 néglige toujours le développement et affaiblit l'aile-roi. Contre 1. ... ♘ç6 les Blancs doivent saisir la chance d'obtenir une supériorité centrale par 2. d4!. Les Noirs aboutissent alors au mieux dans des variantes stratégiquement inférieures de la Défense Tchigorine.

Le lecteur a certainement encore noté la répétition de certains schémas de médiocrité. Contre les débuts fermés ce sont le développement prématuré du Cavalier-dame (sur sa meilleure case, cependant) et le coup utile centralement mais neutre du point de vue du développement 1. ... f5. Contre 1. e4 les Noirs peuvent, outre le coup du Cavalier-dame, opter pour la contre-attaque excessivement agressive 1. ... d5.

Section 3.- **Les coups faibles**

Les coups qui étaient mauvais pour les Blancs sont encore pire pour les Noirs. Ainsi ne jouez jamais 1. ... a6, 1. ... a5, 1. ... ♘a6, 1. ... f6, 1. ... g5, 1. ... h6, 1. ... h5, 1. ... ♘h6 - leurs équivalents blancs étaient mauvais, et les Noirs n'ont pas les moyens de se payer de telles fantaisies.

Deux coups méritent que l'on motive leur classement parmi les mauvais plutôt qu'avec les médiocres. Le premier est 1. ... b5 en réponse à 1. d4, 1. ♘f3 ou 1. g3. Le lecteur se souviendra que b4, comme premier coup blanc, était qualifié de médiocre. Les Noirs, qui ont un coup de retard, ne peuvent se permettre et d'affaiblir leur aile-dame et de perdre le temps nécessaire à la défense du pion non protégé. Par exemple, après 1. d4 b5 2. e4 ♗b7 3. f3 les Noirs doivent perdre un temps pour défendre leur pion « b ».

L'autre coup « injouable » qui vaut qu'on le mentionne spécialement est 1. ... d5 en réponse à 1. ç4. Ce coup est plus mauvais après 1. ç4 qu'après 1. e4 pour deux raisons :

1) Après 2. ç×d5 les Blancs ont échangé un pion central secondaire (le pion « ç ») contre un pion central primaire des Noirs, ce qui fait qu'ils seront en mesure de bâtir un centre considérablement plus fort que dans le cas de la

28

Défense Scandinave. Les Blancs auront à la fois un pion-roi et un pion-dame, alors que le seul pion central primaire des Noirs est le pion-roi.

2)   Après la séquence normale 2. ç × d5 ♛ × d5 3. ♘ç3 les Blancs ont un avantage de développement, ainsi qu'un centre plus fort après 4. d4. De plus les opportunités de contre-jeu noires sont considérablement moindres que dans la Défense Scandinave, la position demeurant relativement fermée.

CHAPITRE 4

Evaluation des coups : l'approche pratique

Au premier coup, tout est relativement clair. Si vous jouez en accord avec les principes d'ouverture, votre choix sera parfait. Mais comment se débrouiller au deuxième coup ou au dixième ? Plus le jeu se développe, plus la position se complique et plus il devient nécessaire de penser concrètement avant de sélectionner un coup. Cependant on ne saurait trop insister sur le fait que vos choix seront dans l'ensemble d'autant meilleurs qu'ils suivront de près les principes fondamentaux. Donner volontairement la préférence à un coup qui n'avance en rien le développement, qui n'influe pas sur le jeu au centre, et qui est néfaste pour la sécurité du Roi est pure folie, à moins que ce coup n'offre également un (des) aspect(s) positif(s) absolument fantastique(s). Ce qui en fait arrive rarement. La plupart des coups qui violent les principes d'ouverture s'avèrent être clairement inférieurs. Le virus de l'expérimentation attaque cependant souvent l'amateur comme le maître. On pense trop souvent que peut-être « dans cette position bien précise » on peut choisir un coup qui va à l'encontre des principes de base, parce qu'il existe une situation spéciale. Les statistiques prouvent que ces situations spéciales sont bien moins nombreuses que nous ne le croyons, dans notre optimisme créatif.

Quels genres de critères devrions-nous utiliser pour décider si un coup est bon ou non ? La conformité aux principes fondamentaux constitue de loin le meilleur guide. Il doit faire avancer au moins un de nos objectifs de base. Le type de raisonnements qu'il faut avoir sera illustré dans les exemples qui suivent, où sont développées et des idées traditionnelles et des idées nouvelles. Toutes les ouvertures principales seront passées en revue, à l'exception de la Défense Sicilienne et du Gambit de la Dame, qui seront couverts en profondeur dans les chapitres 5 à 8.

DOUBNA 1979

GUEORGUIEV   RAZOUVAIEV

Espagnole

1. e4 e5 2. ♘f3

Le développement du Cavalier-roi vers le centre avec gain de temps est un coup parfait, et constitue ici le meilleur choix des Blancs.

2. ... ♘ç6

Le pion-roi nécessite protection, et la fournir en développant le Cavalier-dame sur sa meilleure case centrale constitue la réponse noire la plus populaire. Les Noirs ayant sélectionné leur pion-roi comme principal bastion au centre, l'utilisation à des fins centrales de leur pion « ç » n'est ni requise ni aisément possible. Il n'y a donc dans ce cas aucun désavantage à bloquer le pion « ç » par le Cavalier-dame.

3. ♗b5

Complète le développement des pièces mineures de l'aile-roi et prépare le roque immédiat. Les Blancs exercent une pression indirecte sur le pion e5 en attaquant le Cavalier-dame. On voit par là que le coup de Fou fait partie intégrante du plan blanc visant à obtenir une supériorité centrale. Le troisième coup blanc amène la célèbre Partie Espagnole.

3. ... a6

Chassant le Fou, car les Blancs ne peuvent gagner de pion par 4. ♗×ç6 d×ç6! 5. ♘×e5?! à cause de 5. ... ♛d4, et les Noirs récupèrent leur matériel avec une bonne position. Il n'est cependant absolument pas évident que 3. ... a6 soit un bon coup ; il a dû être testé longtemps dans des parties de maîtres avant que sa valeur soit établie.

4. ♗a4

Maintenant le statu quo. Un autre plan, de valeur équivalente, est 4. ♗×ç6 d×ç6 5. 0-0!.

4. ... ♘f6

Développant le Cavalier-roi sur sa meilleure case centrale.

5. 0-0

Ainsi en cinq coups les Blancs ont obtenu un bon développement, une forte pression centrale, tout en mettant leur Roi en sûreté en roquant. Les Blancs n'ont pas à craindre 5. ... ♘×e4, car ils regagnent le pion de force par 6. d4!. Cette conclusion est loin d'être évidente, mais peut cependant être anticipée : la nature ouverte de la position forcera les Noirs à se préoccuper de la sécurité de leur monarque. Il leur faudra donc aussi roquer rapidement ; les Blancs pourront récupérer leur pion-roi pendant que les Noirs ratrappent leur retard de développement.

5. ... b5

Un coup controversé. Les Noirs suppriment l'attaque sur leur Cavalier-dame pour mettre le holà aux menaces qui pèsent contre le pion e5, mais repoussent pour ce faire le Fou blanc sur une diagonale qui pointe sur f7. Cette case peut devenir très vulnérable si les Noirs ne sont pas en mesure de roquer rapidement. Le coup tranquille de développement 5. ... ♗e7, qui a vaincu le test du temps, est plus généralement joué ici.

6. ♗b3 ♗e7 7. ♖e1

Les Blancs, en protégeant le pion-roi avec leur Tour, amènent la position normale de l'Espagnole, qui survient habituellement après 5. ... ♗e7 6. ♖e1 b5 7. ♗b3. Les Blancs auraient à la place pu forcer les Noirs à résoudre des problèmes plus difficiles par l'agressif 7. d4! car sur 7. ... e×d4, 8. e5 est très désagréable.

Notez qu'après 7. ♖e1 la Tour blanche est postée au centre. Sa fonction est pour l'instant principalement défensive, mais elle pourrait soudain devenir agressive le long de la colonne « e ».

7. ... 0-0

Le Roi noir est maintenant en sûreté.

8. ç3

Projetant de construire un fort centre avec 9. d4.

8. ... d6

Protégeant le pion-roi et ouvrant une diagonale au Fou-dame. Si les Blancs jouent immédiatement 9. d4, les Noirs peuvent exercer une forte pression sur le pion-dame par 9. ... ♗g4.

9. h3!

L'unique but de ce coup est de permettre d4 sans craindre ... ♗g4. Comme les Noirs n'ont aucune menace immédiate et ne savent empêcher d4, les Blancs peuvent se permettre cette perte de temps. La position après le neuvième coup blanc a été analysée en profondeur, car les Noirs disposent de nombreuses possibilités. Longtemps la variante Tchigorine (9. ... ♘a5 10. ♗ç2 ç5) fut la plus jouée, puis le faisceau de la mode se tourna dans les années 1970 vers l'idée de Breyer, 9. ... ♘b8 10. d4 ♘bd7.

9. ... ♗b7!?

Ce coup n'est apparu dans la pratique magistrale que ces toutes dernières années. Pourquoi a-t-on mis si longtemps à effectuer cette découverte ? Un coup basé sur les principes fondamentaux d'ouverture mérite certainement l'examen le plus approfondi. Les Noirs complètent le développement de leurs pièces mineures et braquent le Fou-dame droit sur le centre. Si le Cavalier-dame se déplace, le Fou attaquera directement le pion e4.

10. d4 ♖e8

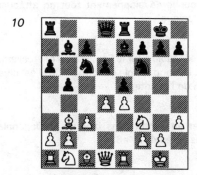

10

Après le dixième coup noir

La position de base dans cette sous-variante. La Tour se place de façon à appuyer son pion-roi et aussi à attaquer indirectement celui des Blancs. Comme les Blancs disposent d'une supériorité centrale, ils conservent le léger avantage que confère le trait. Leur plan le plus conséquent est maintenant de commencer à développer leurs pièces de l'aile-dame par 11. ♘bd2. Il s'avère qu'ici ils se satisfont de la nulle contre leur adversaire plus renommé. Ce résultat ne convient pas au grand-maître soviétique qui conduit les Noirs. En choi-

33

sissant de poursuivre la lutte en jouant des coups de second ordre, ce dernier n'évitera cependant la nulle que pour perdre :

11. ♘g5 ♖f8 12. ♘f3 h6?! 13. ♘bd2 e×d4?! 14. ç×d4 ♘b4 15. ♕e2 ç5 16. a3 ♘ç6 17. d×ç5 d×ç5 18. e5 ♘h7 19. ♘e4 ç4 20. ♗ç2 ♖e8?! 21. ♗f4! ♘f8 22. ♕e3 ♘g6 23. e6! ♘×f4 24. e×f7+ ♚×f7 25. ♕×f4+ ♚g8 26. ♕f5! ♖f8 27. ♕e6+ ♖f7 28. ♖ad1 ♕ç8 29. ♕g6 ♖×f3 30. ♘d6! ♗×d6 31. ♖×d6 ♚f8 32. g×f3 ♕ç7 33. ♖6e6 ♕f7 34. ♕×f7+ ♚×f7 35. ♗g6+

Les Noirs abandonnent.

HASTINGS 1978-79

SPEELMAN   SUBA

Défense Alekhine

1. e4 ♘f6 2. e5

Le pion attaqué doit rendre la politesse ; permettre au Cavalier-roi de se stabiliser en f6 donne une partie facile aux Noirs.

2. ... ♘d5 3. ♘f3

Développer le Cavalier-roi ne peut être mauvais. Cependant le coup central 3. d4 est au moins aussi bon et beaucoup plus flexible. Puis, après 3. ... d6, les Blancs ont le choix entre l'attaque très aiguë des quatre pions (4. ç4 ♘b6 5. f4) et le coup solide et stratégique 4. ♘f3.

3. ... d6

Ouvrir des lignes pour le développement tout en attaquant l'avant-poste blanc est le seul plan logique.

4. ♗ç4

Un emplacement raisonnable pour le Fou, mais il est réellement trop tôt pour dire si c'est le meilleur. Le coup souple et normal 4. d4! est plus à même de permettre la conservation de l'avantage.

4. ... ç6

Maintient le Cavalier au centre sans bloquer la diagonale du Fou-dame, comme ce serait le cas après 4. ... e6.

5. ♘ç3?!

Développer le Cavalier-dame sur sa meilleure case entraîne le risque de se faire doubler des pions. Comme rien n'est obtenu en retour, le plan est douteux. Le simple 5. d4 constituait toujours le meilleur choix des Blancs.

5. ... ♘×ç3 6. b×ç3

Capturer de cette manière améliore les perspectives du centre de pions blanc ; l'opposé serait vrai dans le cas de la capture excentrique 6. d×ç3?!.

34   **6. ... d5!**

Un changement de plan stratégiquement fondé de la part des Noirs. Les Blancs étaient désireux d'accepter des pions doublés, dans l'espoir que le développement supérieur de leurs pièces mineures leur donnerait une compensation parfaitement adéquate. Les Noirs choisissent donc de fermer la position, afin de pouvoir compléter leur développement sans permettre aux Blancs d'entreprendre quoi que ce soit dans l'immédiat. Une fois que leur développement sera achevé, les Noirs pourront commencer à exploiter la faiblesse de la structure blanche - les pions « ç » doublés.

7. ♗e2 ♗g4!

Les Noirs ont besoin de jouer ... e6 pour développer le Fou-roi, mais le faire au septième coup emmurerait leur Fou-dame. Ils commencent donc par sortir ce dernier.

8. ♖b1 ♕ç7 9. d4 e6 10. 0-0 ♘d7 11. h3 ♗×f3

Cet échange est parfaitement justifié, la position étant plutôt fermée et la formation de pions noire s'harmonisant mal avec la présence d'un Fou de cases blanches. Cependant 11. ... ♗h5 était également correct.

12. ♗×f3 0-0-0

11

Après le douzième coup noir

La position des Noirs ne présente pas de faiblesses structurelles, leur Roi est en sûreté et ils pourront développer leur Fou-roi à leur convenance. Les Blancs n'ont pas de compensation à l'immobilité de leurs pions « ç ». Les perspectives noires sont dans l'ensemble légèrement favorables. Dans la suite du jeu les Noirs obtinrent une position gagnante, mais l'erreur qu'ils commirent au trente-troisième coup permit aux Blancs de sauver la partie :

13. ♕d3 ♘b6! 14. ♗e2 ♔b8 15. ♗g5 ♖ç8 16. ♖b3 h6 17. ♗h4? ç5! 18. d×ç5 ♘d7 19. ♖b2 ♘×ç5 20. ♕d4 g5 21. ♗g3 ♘e4 22. ♖fb1 ♘×g3! 23. ♗a6 b6 24. ♖×b6+ a×b6 25. ♖×b6+ ♔a8 26. ♗b5 ♕a7! 27. ♖a6 ♗ç5 28. ♖×a7+ ♗×a7 29. ♕a4 ♖ç7 30. ♗ç6+ ♔b8 31. ♕b5+ ♔ç8 32. ♕a6+ ♔d8 33. ♗×d5! ♖e8?

La méthode gagnante consiste en 33. ... e×d5! 34. ♕f6+ ♔d7 35. ♕×h8 ♘e4 36. ♕f8 ♗×f2+ 37. ♔f1 ♔e6, analyse de Suba.

34. ♗ç6 ♘e2+ 35. ♔f1 ♘×ç3 36. ♕d3+ ♘d5 37. ç4! ♖×ç6 38. ç×d5 ♖ç1+ 39. ♔e2 e×d5 40. ♕×d5+ ♔ç8 41. 35

♕a8+ ♗b8 42. ♕a6+ ♔d7 43. ♕d3+! ♔ç7 44. ♕d6+
Nulle.

SZNAPIK   HORT

Défense Française

1. e4 e6 2. d4 d5

La position de base de la Défense Française. Le pion-roi des Blancs est attaqué et doit ou bien avancer ou bien être protégé. Il est aisé de voir que 3. e×d5
e×d5! amène une symétrie complète et l'égalité.

3. ♘d2

Le mieux pour protéger le pion est d'utiliser le Cavalier-dame. Dans ce but 3.
♘ç3 paraît idéal, mais après ce coup les Noirs peuvent effectuer un clouage
désagréable par 3. ... ♗b4. Pour cette raison le coup du texte, recommandé à
l'origine par le grand joueur allemand Siegbert Tarrasch, est actuellement très
populaire. Les Blancs évitent le clouage potentiel et se réservent d'utiliser leur
pion « ç » pour appuyer le centre. Cependant il existe également deux aspects
négatifs : la diagonale du Fou-dame est maintenant bloquée et le Cavalier
exerce une pression moindre sur le centre (c'est-à-dire sur l'importante case
d5).

3. ... ♘f6

Développer le Cavalier-roi avec gain de temps en attaquant le pion-roi est un
bon plan, logique. Théoriquement jouable, bien que relativement inconsistant
stratégiquement est de renoncer immédiatement à la lutte au centre par 3. ...
d×e4. Après 4. ♘×e4 le pion-dame des Blancs contrôle plus de cases centrales que le pion-roi des Noirs, et le Fou-dame de ces derniers demeure bloqué.
Une suite parfaitement correcte, cependant, est 3. ... ç5, par lequel les Noirs
tentent de tirer avantage de la position moins active du Cavalier-dame blanc
pour poser une question directe aux deux pions centraux adverses.

4. e5

4. e×d5 e×d5 est toujours inoffensif. Comme il n'y a pas de façon satisfaisante de défendre le pion-roi, les Blancs avancent ce dernier avec gain de
temps.

4. ... ♘fd7

La meilleure réplique. 4. ... ♘g8 serait clairement une perte de temps, tandis
que 4. ... ♘e4 entraîne la création de pions doublés vulnérables après 5.
♘×e4.

5. ç3

Les Blancs renforcent la base de leur chaîne de pions centrale, que les Noirs
vont attaquer de façon imminente par ... ç5. De valeur équivalente sont 5.
♗d3, qui développe une figure, et 5. f4, qui appuie le pion-roi.

36

5. ... ç5

Notez que la dynamique du contre-jeu noir envers le centre blanc se modifie quand la situation l'exige. Les Noirs font d'abord pression sur le pion-roi adverse, puis, quand ce dernier est fixé, tournent leur attention vers le pion-dame.

6. ♗d3

Il est logique de placer le Fou sur une diagonale qui lui permet à la fois d'avoir une action au centre et d'être braqué sur l'aile-roi noire. 6. f4 représente une forte possibilité. Au prix d'un temps, qu'ils auraient sinon pu utiliser à développer leurs figures, les Blancs renforcent le contrôle de la case-clé e5 et sont prêts à attaquer l'aile-roi adverse en effectuant, si les conditions en sont remplies, la poussée f4-f5.

6. ... b6

Les Noirs se préparent à échanger leur Fou par ... ♗a6, la structure de pions centrale dans la Française offrant un champ d'action beaucoup plus vaste au Fou de cases blanches adverse. Cette idée se fonde sur des principes stratégiques sains. Son inconvénient est de coûter pas mal de temps dans une position où les Blancs disposent déjà d'un avantage territorial confortable. Le coup noir le plus habituel est le coup de développement normal 6. ... ♘ç6, qui amène le Cavalier-dame sur sa case idéale en attaquant le pion-dame.

7. ♘e2

Comme il n'existe pas de façon souple d'empêcher le coup prévu par les Noirs, ... ♗a6, les Blancs poursuivent à juste titre le développement de leurs pièces mineures, ce qui leur permettra de roquer rapidement s'ils le jugent bon.

Mais où doit aller le Cavalier-roi ? Le développement à e2 lui permet de se rendre en f4 ou g3 ; les Blancs peuvent alors faire suivre par un coup de Dame (très probablement ♕g4) dirigé contre l'aile-roi noire. De plus, le pion « f » peut être utilisé pour des combats à venir. Le coup du texte est ainsi très bon. Séduisant mais moins efficace est 7. ♘gf3, les Blancs éprouvant alors de grandes difficultés à monter une attaque contre l'aile-roi adverse ; or, c'est le plus souvent dans cette attaque que résident les perspectives blanches dans la Française. Cependant, selon le dernier cri de la théorie, le plus fort pour les Blancs serait ici le coup excentrique 7. ♘h3!, ce qui constitue bien sûr une exception au principe selon lequel les pièces doivent être développées vers le centre. Les qualités spécifiques de ce coup sont les suivantes :

1) Le Cavalier peut se rendre en g5 comme en f4 - les deux cases d'attaque les plus efficaces pour ce Cavalier.

2) La diagonale d1-h5 demeure ouverte, ce qui permet à la Dame blanche de se rendre facilement sur les cases d'attaque g4 et h5.

3) Le Cavalier-roi est développé, ce qui permet aux Blancs de roquer immédiatement.

4) Après le roque, f4 devient tout à fait jouable, avec le plan d'attaquer l'aile-roi noire en jouant finalement f5.

7. ... ♗a6 8. ♗b1?!

On comprend que les Blancs répugnent à échanger leur « bon » Fou, mais cette retraite coûte du temps et offre en plus aux Noirs une superbe diagonale.

Juste est 8. ♗×a6 ♘×a6 9. 0-0, et les Blancs ont de meilleures chances, dues à leur avantage spatial et leur avance de développement.

8. ... ♘ç6

Se développant tout en menaçant de gagner le pion d4.

9. ♘f3 b5?

Cette démonstration avec le pion « b » coûte deux temps, sans aboutir à rien de concret. Correct est soit le coup de développement 9. ... ♗e7, soit 9. ... ç×d4, ouvrant l'aile-dame. Les Noirs ont une égalité approximative dans les deux cas.

10. 0-0 b4 11. ♖e1!

Les Blancs ont roqué, considérablement avancé leur développement, et conservé leur nette supériorité centrale. Les Noirs n'ont aucune façon cohérente de s'opposer à l'avantage d'espace et de développement des Blancs. Le joueur qui conduit les Noirs, bien que de classe mondiale, va maintenant être défait de façon convaincante :

12

Après le onzième coup blanc

11. ... ♗×e2 **12.** ♕×e2 ç×d4 **13.** ç×d4 ♕b6 **14.** ♗e3 ♗e7 **15.** ♗d3 ♖ç8 **16.** ♖aç1 ♖ç7 **17.** h4! h5 **18.** ♗b5! g6 **19.** ♗×ç6 ♖×ç6 **20.** ♖×ç6 ♕×ç6 **21.** ♖ç1 ♕b7 **22.** ♗g5! ♗×g5 **23.** ♘×g5 ♔e7 **24.** ♕f3 ♖f8 **25.** ♕f4 f5 **26.** ♕d2! ♖b8 **27.** ♘h3! ♘f8 **28.** ♖ç5 ♘d7 **29.** ♖ç2 ♘f8 **30.** ♔h2 ♔e8 **31.** ♕ç1 ♔d7 **32.** ♕h6 ♔e8 **33.** ♘f4 ♕f7 **34.** ♘d3! ♕e7 **35.** g3 b3 **36.** a×b3 ♔f7 **37.** ♘f4 ♔g8 **38.** ♘×g6 ♕g7 **39.** ♕×g7+ ♔×g7 **40.** ♘f4! ♖×b3 et les Noirs abandonnèrent sans attendre la réponse blanche.

AFRIQUE DU SUD 1979

UNZICKER   **KORTCHNOÏ**

Défense Ouest-Indienne

1. d4 ♘f6 2. ç4

De loin le coup central le plus actif. Le pion « ç » fait pression sur l'importante case d5, et le Cavalier-dame peut être développé sur ç3, son emplacement idéal, à la convenance des Blancs. De plus la Dame peut maintenant effectuer une sortie sur l'aile-dame.

2. ... e6

Prend le contrôle de la case-clé d5 et permet le développement du Fou-roi. Une fois celui-ci effectué, les Noirs seront en mesure de roquer.

3. ♘f3

Un des deux coups les meilleurs et les plus joués. Le Cavalier-roi est développé sur sa case centrale idéale et la voie du petit roque est préparée.

L'autre terme de l'alternative est 3. ♘ç3 qui est considéré comme légèrement plus actif, car « menaçant » la forte poussée centrale 4. e4. De nombreux joueurs refusent actuellement de jouer 3. ♘ç3, préférant ne pas autoriser 3. ... ♗b4, qui cloue le Cavalier et introduit la Défense Nimzovitch.

3. ... b6

C'est ce coup qui caractérise l'Ouest-Indienne. Les Noirs vont placer leur Fou-dame en fianchetto (mettre en fianchetto veut dire développer un Fou en b2 ou b7, g2 ou g7) et par là exercer une forte pression sur d5 et particulièrement sur e4. Les Noirs disposent cependant de trois autres plans logiques :

1) 3. ... d5, transposant dans le Gambit de la Dame Refusé (voir chapitre 7).

2) 3. ... ç5, attaquant le pion-dame et aboutissant après 4. d5 e×d5 5. ç×d5 d6 à la Défense Benoni Moderne.

3) 3. ... ♗b4 +, se proposant d'échanger le Fou et de roquer rapidement.

4. g3

Les Blancs développent leur Fou en fianchetto pour l'opposer à celui des Noirs sur la grande diagonale. C'est de loin le coup le plus joué. Egalement bons et en accord avec les principes d'ouverture sont 4. ♘ç3 et 4. e3.

4. ... ♗a6!?

Mais que se passe-t-il ? Les Noirs sont-ils devenus fous ? L'idée de 3. ... b6 n'était-elle pas de poursuivre par 4. ... ♗b7 ? La réponse est oui : 4. ... ♗b7 est en fait le coup normal et mène à la variante principale de l'Ouest-Indienne.

Néanmoins le coup d'apparence excentrique du texte présente un intérêt certain, qui lui a permis de s'imposer comme un substitut satisfaisant à 4. ... ♗b7. De la case a6 le Fou attaque le pion ç4, et la réponse blanche la plus efficace serait 5. e3. Cependant, venant juste après 4. g3, 5. e3? entraînerait un affaiblissement notable des cases blanches de l'aile-roi, les Blancs ne pouvant plus développer en fianchetto leur Fou, dont le pion ç4 a besoin pour sa protection. Comme nous allons bientôt le voir, toutes les autres méthodes de défendre le pion présentent également suffisamment d'inconvénients pour fournir de bonnes chances d'égalisation aux Noirs.

5. ♕a4

Protégeant ç4 tout en faisant pression sur l'aile-dame noire. C'est le coup blanc le plus habituel. Cependant la Dame est ici relativement exposée et n'exerce plus une grande influence sur le centre. Il n'y a pourtant pas mieux. Après 5. ♕ç2 ou 5. ♘bd2 les Noirs s'attaquent avec succès au pion d4 par 5. ... ç5!, la réponse 6. d5 étant maintenant impossible. Après 5. b3 les Noirs obtiennent un bon contre-jeu par 5. ... ♗b4 + ! 6. ♗d2 ♗e7! 7. ♗g2 ç6! 8. 0-0 d5.

5. ... ♘e4?!

Une idée nouvelle et intéressante, mais cependant trop excentrique pour être complètement satisfaisante. Les Noirs tentent d'exploiter la position peu favorable de la Dame blanche, mais bouger une pièce déjà développée encore deux fois représente une trop grande perte de temps. Après les coups indiqués, 5. ... ç5 ou 5. ... ç6, les perspectives d'égalisation noires sont excellentes.

6. ♗g2 ♘d6 7. ç5!

Les Blancs doivent jouer de façon active s'ils veulent profiter de leur avance temporaire de développement. Inoffensif est 7. ♘fd2?! ç6 8. ♕ç2 ♘f5 9. ♘f3 d5 10. ç × d5 ç × d5, et les Noirs ont une position au moins égale (Trois - Tarjan, Interzonal Riga 1979).

7. ... b × ç5

Après 7. ... ♘b7 8. b4, les Blancs tiennent l'aile-dame dans un étau.

8. d × ç5 ♘b7 9. ç6!

Par ce sacrifice, les Blancs étouffent tout contre-jeu noir. Ils vont maintenant terminer efficacement leur développement ; la pression qu'ils exerceront sur les pions noirs faibles le long de la colonne « ç » leur offre d'excellentes chances de récupérer leur investissement au minimum.

9. ... d × ç6 10. ♘ç3! ♗d6 11. 0-0 0-0 12. ♖d1

13

Après le douzième
coup blanc

Notez comment toutes les pièces blanches ont été développées vers le centre de façon cohérente. Les pièces noires, par contre, sont plus gênantes qu'utiles, ce qui est particulièrement vrai pour les Cavaliers. L'avantage blanc, bien que peu important, est à la fois plaisant et dénué de risques. La partie continua par :

12. ... ♕e8 13. ♘d4 ♘d8 14. ♗e3 ♗b7 15. ♘b3 ♘d7 16. ♘e4 ♘b6 17. ♕a5 f5

Et maintenant au lieu de 18. ♘eç5? qui ne mena à rien après 18. ... ♗ç8 (Les Blancs gagnèrent néanmoins, les Noirs ayant dépassé au cinquante-sixième coup la limite de temps, dans une position égale.), Unzicker suggère la suite directe :

18. ♘×d6 ç×d6 19. ♗×b6 a×b6 20. ♕×b6 ♕e7 21. ♘a5 ♖a6 22. ♕b4 ç5 23. ♕b5

Une position plus active, une absence de faiblesses et l'avantage latent que représente le pion « a » passé montrent que les Blancs sont parvenus à maintenir jusque dans le milieu de jeu la supériorité qu'ils avaient acquise dans l'ouverture. Remarquez aussi que les Blancs n'ont pas eu le moindre effort à fournir pour récupérer le pion sacrifié au neuvième coup.

AMSTERDAM 1978

TIMMAN   ROMANICHINE

Début Anglais

1. ç4 e5 2. ♘ç3 ♘f6 3. ♘f3 ♘ç6

Jusque là le jeu est sain et facile à comprendre des deux côtés : chacun a installé un pion au centre, et a développé les Cavaliers sur leurs cases idéales.

4. e3

L'idée, en permettant au pion « e » de reprendre en d4, est d'établir un fort centre par 5. d4, si les Blancs le désirent. Les Noirs doivent soit rechercher des complications tout en développant leur Fou-roi par 4. ... ♗b4, soit choisir le coup de développement plus modeste 4. ... ♗e7, plan que Karpov a utilisé avec succès.

4. ... ♕e7?!

Une nouveauté. En clouant le pion-roi blanc, les Noirs empêchent ce dernier de reprendre en d4. Cependant, la perte de temps, les conséquences néfastes pour le développement du blocage du Fou-roi par la Dame, et le fait que cette dernière est mal placée en e7 concourent à suggérer que le plan noir peut difficilement être couronné de succès.

5. d4! e×d4 6. ♘×d4

Les conséquences du coup précédent sont claires, bien que les Blancs aient dû reprendre du Cavalier-roi : ces derniers bénéficient d'une avance de développement et détiennent la supériorité au centre, tandis que les Noirs, à cause de la position de leur Dame, ont du mal à compléter le développement de leur aile-roi.

6. ... g6?!

Il est logique que les Noirs veuillent développer leur Fou-roi en fianchetto, mais ce coup permet une désagréable attaque du pion ç7. Il était donc meilleur de jouer 6. ... d6 d'abord.

7. ♘4b5!

Dans ce type de début fermé, les perspectives de réussite d'une charge de cavalerie aussi précoce sont d'ordinaire très faibles. L'avance de développement blanche et la position en porte-à-faux de la Dame noire modifient cependant les probabilités normales.

7. ... d6 8. ♘d5! ♘×d5 9. ç×d5 ♘e5 10. f4!

41

Les Blancs jouissent maintenant d'une supériorité centrale incontestée. Ils augmenteront encore leur avance de développement au onzième coup, par un nouveau gain de temps.

10. ... ♘g4 11. ♗e2 ♘f6 12. ♕a4!

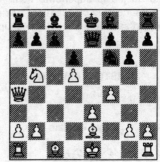

14

Après le douzième
coup blanc

L'avantage d'espace et l'avance de développement des Blancs s'ajoutent à l'impossibilité de roquer des Noirs pour placer ces derniers dans une position extrêmement déplaisante. Si maintenant 12. ... ♗d7, 13. ♕ç4! laisse les Noirs dans une impasse, et 12. ... ç6 13. d×ç6 b×ç6 14. ♘d4 ♗d7 15. ♘×ç6 concède aux Blancs un pion et une position supérieure. Les Noirs choisirent donc une finale où leur « seul » désavantage était d'avoir un pion de moins :

12. ... ♔d8 13. ♘×a7! (Avec la menace 14. ♘ç6+.) **13. ... ♕e4!? 14. ♕×e4 ♘×e4 15. ♘×ç8 ♔×ç8 16. ♗d3 ♘ç5 17. ♗ç2 ♗g7 18. a3 ♖e8 19. ♔e2 ♘a4 20. ♖b1 ♘b6 21. ♖d1 ♖a5 22. ♗b3 f5 23. ♗d2 ♖a8**

Les Noirs n'ont bien entendu aucune compensation pour le pion, et les Blancs l'emportèrent au soixante-quinzième coup.

SAO PAULO 1979

STEAN   **LJUBOJEVIC**

Début Réti

1. ♘f3 ♘f6 2. g3

Les Blancs désirent compléter le développement de leur aile-roi avant de se mettre à la recherche d'un plan actif.

2. ... b5!?

Les Noirs, qui entendent contester la grande diagonale centrale blanche, se préparent donc à développer leur Fou-dame en fianchetto. Ils avancent le pion « b » de deux cases pour contrôler la case ç4. En b5, le pion est relativement faible, mais les Noirs peuvent se permettre cette agressivité parce que par 2. g3 les Blancs ont en pratique renoncé à la possibilité de l'attaquer avec leur Fou-roi (le Fou appartient maintenant à g2, plus qu'à la diagonale f1-a6).

3. ♗g2 ♝b7 4. 0-0

En tout juste quatre coups, les Blancs ont mis leur Roi en sûreté, développé leur Cavalier-roi et leur Fou-roi vers le centre, et se tiennent prêts à l'action.

4. ... ç5

S'emparant de plus d'espace au centre et sur l'aile-dame.

5. d3

Premier coup de pion central des Blancs, qui contrôle la case primaire e4 et la case secondaire ç4, tout en permettant le développement du Fou-dame.

5. ... ♞ç6

Poursuivant le développement des forces de l'aile-dame. Les Noirs ont pu jusqu'à présent négliger le développement de leur aile-roi parce que les Blancs n'envisagent aucune attaque directe contre leur monarque.

6. e4

Le premier coup central actif. Les Blancs sont maintenant prêts à continuer par e4-e5, ce que les Noirs empêchent par le coup le plus naturel.

6. ... d6 7. ♞ç3

Mettant le Cavalier en jeu avec gain de temps. Avancer encore le pion « b » n'est pas spécialement à l'avantage des Noirs, les Blancs pouvant ensuite commencer à le saper.

7. ... b4 8. ♞d5! ♞d7!

Les Noirs doivent pouvoir chasser le Cavalier blanc avec gain de temps. Inférieurs sont 8. ... ♞ × d5?! 9. e × d5, les Blancs ayant un avantage d'espace et de développement, ainsi que 8. ... e6?! 9. ♞ × f6+ ♛ × f6 10. ç3!, et les Blancs jouissent une fois de plus d'une avance de développement, tandis que la Dame noire est inconfortablement placée.

9. ç3 e6 10. ♞f4

Stean considère que 10. ♞e3! est plus précis à cause de l'action qui va maintenant se dérouler au centre.

10. ... b × ç3 11. b × ç3 ♞6e5! 12. d4

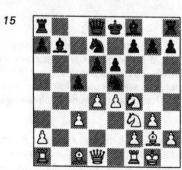

15

Après le douzième
coup blanc

Cette position est légèrement en faveur des Blancs. Ils sont mieux développés et disposent de plus d'espace central. Cependant les Noirs n'ont aucune faiblesse fondamentale, et leur tâche défensive sera allégée par l'échange de Cavaliers à venir. Les Noirs doivent jouer de façon précise pour conserver l'équilibre ; dans la partie ils finirent par obtenir l'égalité complète par :

12. ... ♘×f3+ 13. ♗×f3 ♗e7 14. ♖b1 ♖b8 15. d5 e5 16. ♘g2 ♗a6 17. ♖×b8 ♛×b8 18. ♗e2 ♗×e2 19. ♛×e2 0-0 20. ♘e3 g6 21. ♛a6 f5! 22. ♛d3 f×e4! 23. ♛×e4 ♘f6 24. ♛a4
Nulle.

SEÏRAWAN   MILES

Fianchetto-Roi

1. g3 e5

Une réponse active, absolument excellente.

2. ç4

Après l'immédiat 2. ♗g2, les Noirs pourraient occuper le centre par 2. ... d5. Les Blancs placent donc d'abord un pion au centre, et ne poursuivront qu'après le développement projeté de leur aile-roi.

2. ... ç6

Une approche du début très exigeante. Les Noirs sont déterminés à forcer ... d5. Ils ont déjà une bonne présence au centre grâce à leur pion-roi, mais veulent obtenir beaucoup plus. Un plan à double tranchant, car les Blancs, qui ont l'avantage du trait, seront très rapidement en mesure d'engager des opérations de minage contre le centre noir apparemment imposant.

3. ♗g2 d5 4. ç×d5 ç×d5 5. d4!

Les Blancs font sentir leur propre présence centrale tout en attaquant le pion-roi adverse. Clairement insuffisant est 5. ... e×d4?!, car après 6. ♘f3 les Blancs regagneront facilement leur matériel, et le pion-dame isolé des Noirs demeurera une faiblesse chronique.

5. ... e4 6. f3!

Attaquant à nouveau le pion-roi. Les Blancs donnent tout au long une démonstration classique de la façon dont traiter et combattre les pions centraux prématurément avancés. Si maintenant 6. ... e×f3?!, alors 7. ♘×f3 et le Cavalier-roi blanc est parvenu sur sa case idéale avec gain de temps, tandis que le pion-dame isolé des Noirs constitue une faiblesse durable.

6. ... f5

Le bastion central doit être tenu. Il existe cependant des désavantages à ce coup naturel : l'aile-roi est affaiblie, comme le sont également les cases noires (en particulier e5), et le champ d'action du Fou-dame est réduit.

7. ♘h3!

Souvenez-vous que le plan stratégique immédiat des Blancs est de compléter le développement de leur aile-roi. La seule case disponible pour le Cavalier-roi est h3 ; elle n'est pas mauvaise ici car le Cavalier pourra se rendre en f4.

7. ... ♘ç6

Normal et satisfaisant.

8. 0-0 ♗e7 9. ♘ç3

Développe le Cavalier-dame sur sa case idéale, d'où il pourra faire pression sur le pion-dame des Noirs.

9. ... ♘f6 10. ♗g5!

Complète le développement des pièces mineures et applique une pression indirecte sur le pion d5. Si maintenant 10. ... 0-0?!, le pion-dame noir se trouve en danger mortel après 11. ♘f4!. Les Noirs doivent donc utiliser leur Fou-dame pour assurer la défense du centre.

10. ... ♗e6 11. ♘f4

Recentre le Cavalier, provisoirement hors-jeu, avec gain de temps.

11. ... ♗f7 12. e3

Le moyen le plus simple et le plus économique de fournir au pion-dame blanc le support dont il a également besoin.

12. ... 0-0

Ainsi les Noirs ont mis leur Roi en sécurité en roquant, leurs pièces mineures sont développées et leur influence centrale semble assurée. Cependant les Blancs, par leur coup suivant, mettent le doigt sur les faiblesses noires :

13. f × e4!

Le problème des Noirs est qu'ils n'ont pas de bonne façon de reprendre tout en conservant leur influence centrale. En fait, le moindre mal est 13. ... ♘ × e4! 14. ♗ × e7 ♘ × e7, bien que la faiblesse du pion d5 et des cases noires adverses donne aux Blancs, qui ont une position plus active, un avantage tangible. Inférieur est 13. ... f × e4?! à cause de 14. ♗h3! ♕d6 15. ♘b5 ♕d8 16. ♘e6 ♗ × e6 17. ♗ × e6+ ♔h8 18. ♗f4 ♘e8 19. ♕h5 a6 20. ♘ç3 ♘f6 21. ♕h3, et les forces blanches exercent une énorme pression sur la position noire.

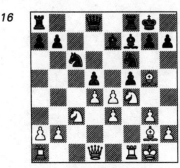

16

Après le treizième
coup blanc

Egalement inférieur est le coup du texte 13. ... d × e4?!, qui non seulement cède aux Blancs un pion passé protégé immédiat, mais de plus, ce qui est plus important, n'assure pas la sécurité du centre noir. Les pions centraux noirs restent vulnérables à un futur travail de sape victorieux. Les Blancs réalisèrent leur avantage de la façon exemplaire suivante :

13. ... d × e4?! 14. ♗h3 g6 15. g4! f × g4 16. ♗ × f6 g × h3 17. ♗ × e7 ♕ × e7 18. ♕g4 ♗ç4 19. ♖f2 ♖f5 20. ♘ × h3 ♖h5 21. ♖g2! ♖h4 22. ♕g3 ♖f8 23. ♘g5 ♖h5 24. b3! ♗d3 25. ♘d5 ♕d7 26. ♘f4 ♖h6 27. ♖d1 ♖f5 28. h4 ♘ × d4 (Un acte de désespoir, dans une position perdue.) **29. e × d4 ♕ × d4+ 30. ♔h2 ♕e5 31. ♘5h3 ♕f6 32. h5 ♗b5 33. ♖2d2 g5 34. ♖d5! ♖ × d5 35. ♖ × d5 ♕b2+ 36. ♘g2 ♖ × h5 37. ♖ × b5**

Les Noirs abandonnent.

CHAPITRE 5

Défense Sicilienne : principes de base

Section 1.- Introduction

De toutes les réponses noires sur 1. e4, la plus populaire de très loin dans la pratique magistrale est 1. ... ç5, que l'on appelle la Défense Sicilienne. L'attrait qu'elle présente se base sur des facteurs à la fois fondamentaux et psychologiques. La Sicilienne a constitué l'arme de base (et pratiquement l'arme unique) de Robert J. Fischer de l'instant où il a stupéfié le monde des Echecs en remportant le championnat des Etats-Unis 1957/58 à l'âge de quatorze ans, jusqu'à son match pour le championnat du monde contre Boris Spassky en 1972. Le monde des Echecs admirait les succès et le remarquable esprit combatif de Fischer. La Défense Sicilienne était si intimement liée à Bobby que les admirateurs de ce dernier ont fini par penser qu'elle était non seulement bonne, mais qu'elle contenait de plus un je ne sais quoi de magique. Une large part des jeunes joueurs, maîtres à venir, commencèrent à la jouer, ce qui fut à l'origine de nouvelles découvertes importantes concernant la théorie de cette défense, rehaussant encore de ce fait sa réputation et donc sa popularité. Actuellement, au moins la moitié des parties ouvrant par 1. e4 se transforme en Sicilienne.

Examinons encore le point de départ fondamental de cette défense, qu'illustre le diagramme 17 :

Défense Sicilienne

17

1. e4 ç5

Les raisons de jouer la Défense Sicilienne, et les idées stratégiques qui sous-tendent cette dernière sont les suivantes :

1. Le coup noir 1. ... ç5 diffère tellement du coup blanc 1. e4 qu'il en résulte invariablement des positions très déséquilibrées. Dans les Echecs de compétition, cela augmente grandement les chances de gain pratiques des Noirs. Quand un maître a besoin de gagner avec les Noirs, son choix d'ouverture se porte naturellement sur la Sicilienne. Dans les dernières phases de son match contre Fischer en 1972, quand il était largement mené et devait jouer pour le gain, Spassky eut exclusivement recours à la Sicilienne, bien que celle-ci ne fasse pas fondamentalement partie de son répertoire d'ouvertures.

2. Les Noirs font immédiatement pression sur la case centrale d4, et leur contrôle sur cette dernière se poursuit si les Blancs renoncent à jouer d4 (comme par exemple dans les fameuses variantes « fermées »).

3. Le coup 1. ... ç5 établissant une tête de pont sur l'aile-dame, c'est généralement de ce côté que se développent les perspectives de jeu actif noir.

4. Dans les variantes normales, les Blancs jouent rapidement d4 - habituellement au troisième coup. Une fois que les Noirs ont échangé les pions par ... ç × d4, la colonne « ç » est semi-ouverte et constitue la voie royale par laquelle ils pourront attaquer l'aile-dame.

5. Le pion-roi blanc est solidement installé sur la quatrième rangée. Si les Noirs parviennent à l'éliminer en jouant ... d5 sans encourir ce faisant de désavantages, ils obtiennent l'égalisation complète. Ainsi, le but stratégique principal des Noirs est d'aspirer à réaliser ... d5 ; il est cependant rare de pouvoir accomplir cette poussée en début de partie.

Bien sûr, 1. ... ç5 entraîne aussi des inconvénients, sinon on ne jouerait que la Sicilienne ! Ces désavantages sont :

1. Les Noirs ne luttent pas contre le très puissant et très actif pion-roi des Blancs, ce qui donne à ces derniers de fortes chances d'attaque sur l'aile-roi.

2. 1. ... ç5 n'est pas un coup de développement immédiat. La seule pièce dont le champ d'activité s'élargisse est la Dame. Ce coup ne fait rien pour mettre en action les pièces de l'aile-roi, secteur où l'on attend cependant l'attaque blanche.

3. En permettant aux Blancs la mise en place d'une forte position offensive sur l'aile-roi, les Noirs prennent le risque de succomber à une attaque de mat soudaine. Dans les premiers stades de la partie, les Noirs courent des dangers pratiques nettement plus importants que les Blancs, une attaque sur l'aile-roi pouvant se révéler décisive beaucoup plus rapidement qu'une attaque en un point de l'aile-dame.

Dans la Sicilienne, les Blancs attaquent généralement sur l'aile-roi et les Noirs sur l'aile-dame. Les Noirs doivent à la fois parer l'assaut blanc et créer leur propre contre-jeu sur l'aile-dame. S'ils y parviennent, ils ont de bonnes chances de gagner tous les types de finales qui peuvent se présenter. Les Blancs ont d'excellentes perspectives de marquer le point en attaquant de bonne heure sur l'aile-roi.

Il faut souligner que la Défense Sicilienne, bien qu'absolument correcte sur le plan théorique, est difficile à manier en pratique. Une légère négligence en défense, et le Roi est perdu ! Elle est en fait beaucoup mieux adaptée à Fischer qu'à ses nombreux imitateurs et disciples. C'est néanmoins une ouverture très importante, et je vais tâcher de présenter ses principes aussi clairement que possible afin que le lecteur, grâce à son courage et aux informations puisées dans ce livre, puisse naviguer dans ses eaux invariablement troubles.

Section 2.- Principes de base

Les coups principaux et leurs substituts importants sont les suivants :

1. e4 ç5 2. ♘f3

Le Cavalier-roi s'installe sur sa case centrale préférée, favorisant un roque rapide et préparant l'actif coup de développement d4. Notez que lors de la mise en action des pièces mineures de l'aile-roi il est préférable de développer d'abord le Cavalier, puis seulement le Fou. Il existe un principe général, valable la plupart du temps (y compris ici) selon lequel « les Cavaliers doivent être développés avant les Fous ». Il est aisé de comprendre son application à notre deuxième coup. La meilleure case du Cavalier-roi est f3, et il n'existe absolument aucun inconvénient à l'y jouer au second coup. Par contre le meilleur emplacement du Fou-roi est encore incertain. Selon le jeu noir — et nos propres goûts — sa place peut aussi bien être e2 que d3, ç4 ou b5. Au deuxième coup, il est trop tôt pour le dire.

Selon tous les critères d'évaluation aux Echecs, 2. ♘f3 est un coup parfait. C'est le coup le plus populaire, choisi plus de trois fois sur quatre dans la pratique des maîtres. Ce qui implique que dans environ un quart des cas un autre coup est sélectionné. Ces possibilités peuvent être divisées en possibilités principales et possibilités secondaires.

L'assez longue liste des possibilités secondaires est :

2. b3 - Les Blancs envisagent de placer leur Fou-dame en fianchetto pour faire pression sur la diagonale centrale a1-h8. Ce type d'approche stratégique se marie assez mal avec l'activité immédiate montrée par 1. e4, et les Noirs égalisent par des coups solides normaux, tels que 2. ... ♘ç6, 2. ... d6 ou 2. ... e6.

2. b4 - Le gambit dit « de l'aile », où les Blancs prennent des mesures drastiques pour éliminer le pion ç5. Les Noirs doivent prendre par 2. ... ç × b4, puis, après soit 3. a3 soit 3. d4 répondre par l'avance centrale 3. ... d5!. De cette façon les Noirs obtiennent l'égalité complète.

2. ç4 - Les Blancs cherchent avant tout à empêcher un ... d5 éventuel de la part des Noirs, et acceptent pour ce faire d'enfermer leur Fou-roi et d'affaiblir leur contrôle de la case d4. La position résultante se rencontre souvent dans l'Anglaise, quand les Blancs font suivre 1. ç4 d'un rapide e4. Le plan le plus efficace pour les Noirs est de s'emparer de ce que les Blancs ont volontairement abandonné : le contrôle de d4. Un développement cohérent serait : 2. ... ♘ç6 3. ♘ç3 g6 4. g3 ♗g7 5. ♗g2 d6 6. d3 ♘f6 7. ♘ge2 0-0 8. 0-0, et maintenant 8. ... ♘e8!, à la fois pour contrôler d4 comme pour détenir l'option de contrer le jeu blanc sur l'aile-roi par ... f5 au moment approprié.

2. d3 - Les Blancs montrent qu'ils sont intéressés par une formation « fermée », mais ce coup n'a pas de signification indépendante et mène aux positions découlant de 2. ♘ç3.

2. f4 - Avant de jouer ♘f3, les Blancs avancent leur pion « f » à la fois pour contrôler e5 et pour être prêts à se montrer actifs sur la colonne « f ». Toutefois, ce coup n'avance en rien le développement, et affaiblit l'aile-roi. Le meilleur plan pour les Noirs est de jouer le coup libérateur ... d5, soit après le préliminaire 2. ... e6, soit immédiatement (2. ... d5). Dans ce cas, les Noirs bénéficient d'une position approximativement égale, car en jouant 2. f4 les Blancs ont perdu un temps et légèrement affaibli leur pion « f ».

2. g3 - Les Blancs désirent placer immédiatement en fianchetto leur Fou-roi, mais le manque d'attention accordé à la case d5 permet aux Noirs de réagir d'emblée par 2. ... d5!. Après 3. e × d5 ♛ × d5 4. ♘f3 ♝g4! 5. ♝g2 ♛e6 + 6. ♔f1 la position déroquée du Roi blanc offre des contre-chances absolument égales aux Noirs.

2. ♘e2 - Un coup apparemment maladroit, qui est cependant parfaitement jouable si les Blancs entendent faire suivre d'un rapide d4. Les Noirs n'ont absolument aucun moyen de profiter immédiatement de l'emplacement du Cavalier. Inférieur ici est 2. ... ♘f6 3. b♘c3 d5?, car après 4. e × d5 ♘ × d5 5. ♘ × d5 ♛ × d5 6. d4! ç × d4 7. ♛ × d4 ♛ × d4 8. ♘ × d4 l'avantage de développement confère aux Blancs une initiative tangible.

2. ♝ç4 - Il est prématuré de placer le Fou ici, car après 2. ... e6! non seulement tout espoir d'activité sur la diagonale disparaît, mais de plus le coup ... d5 coûtera un tempo (une unité de temps) aux Blancs pour retirer la pièce attaquée.

Il existe trois possibilités principales à 2. ♘f3 :

2. ç3 - Avec l'idée logique de bâtir un fort centre après 3. d4 ç × d4 4. ç × d4. Les Noirs peuvent tenter de construire leur propre centre par 2. ... e6 3. d4 d5, mais doivent alors accepter un pion-dame isolé après 4. e × d5 e × d5, car 4. ... ♛ × d5?! concède une trop grande influence centrale aux Blancs après 5. ♘f3. Les Noirs peuvent également chercher à provoquer l'avance du centre blanc par 2. ... ♘f6 3. e5 ♘d5 4. d4 ç × d4 5. ç × d4 d6 6. ♘f3 ♘ç6. Avec un jeu précis, les Noirs sont censés égaliser dans les deux cas.

2. d4 - Mène au Gambit Smith - Morra après 2. ... ç × d4 3. ç3 d × ç3 4. ♘ × ç3. Théoriquement ce gambit n'est pas tout à fait sain, les Blancs n'obtenant qu'un temps de développement pour leur pion. En pratique cependant, les adversaires imprudents peuvent rapidement se retrouver défaits. Le plan noir le plus efficace consiste à combiner une prise d'influence au centre avec un rapide petit roque. L'approche suggérée est : 4. ... ♘ç6 5. ♘f3 d6 6. ♝ç4 e6! 7. 0-0 ♝e7 8. ♛e2 ♘f6 9. ♖d1 e5! (projetant 10. ... ♝g4, qui menacerait 11. ... ♘d4) 10. h3 0-0. Les Noirs complèteront alors le développement de leurs pièces mineures par 11. ... ♝e6!, que les Blancs jouent 11. ♝e3 ou 11. ♝g5. La position noire est maintenant saine et solide, et les Blancs doivent encore prouver qu'ils ont une compensation quelconque pour le pion sacrifié.

2. ♘ç3 - Ce coup peut encore transposer dans les variantes principales, mais sa signification indépendante se manifeste après 2. ... ♘ç6 3. g3 g6 4. ♝g2 ♝g7 5. d3 d6.

Défense Sicilienne
Variante fermée

18

Après le cinquième
coup noir

Nous sommes au point de départ de la variante fermée. Notez que les Blancs ont par 2. ♘ç3 sélectionné un ordre de coups qui a empêché les Noirs de jouer ... d5. Malgré l'apparence fermée et inoffensive de la position, les perspectives blanches résident toujours sur l'aile-roi et les noires sur l'aile-dame. Parmi les joueurs de premier plan, l'ancien champion du monde Boris Spassky a remporté de nombreux succès avec les Blancs.

Les Blancs disposent de plusieurs choix au sixième coup, et autrefois 6. ♗e3, 6. ♘ge2 et 6. ♘h3 étaient régulièrement joués. Actuellement on considère cependant que 6. f4! constitue la meilleure préparation à l'offensive envisagée sur l'aile-roi. Les Noirs doivent alors choisir un système qui leur permet de conserver le contrôle de leur point fort — la case d4 — tout en autorisant une réponse souple au jeu blanc sur l'aile-roi. Recommandé est donc 6. ... e6! 7. ♘f3 ♘ge7! 8. 0-0 0-0, les Noirs étant prêts à contrer g4 par ... f5!.

Un jeu hésitant peut rapidement mener les Noirs au désastre. Instructive est la partie Spassky - Geller, 6e du match, 1968 : 6. ... ♘f6?! 7. ♘f3 0-0 8. 0-0 ♖b8 9. h3! b5 10. a3! a5 11. ♗e3 b4 12. a×b4 a×b4 13. ♘e2 ♗b7 14. b3! ♖a8 15. ♖ç1! ♖a2 16. g4! ♕a8?! (meilleur était 16. ... e6, ou 16. ... ♘d7) 17. ♕e1! ♕a6 18. ♕f2 ♘a7?! (meilleur était 18. ... ♘d7) 19. f5! ♘b5 20. f×g6 h×g6 21. ♘g5 ♘a3 22. ♕h4! ♖ç8 23. ♖×f6! e×f6 24. ♕h7+ ♔f8 25. ♘×f7! ♖×ç2 (après 25. ... ♔×f7, 26. ♗h6 ♖g8 27. ♘f4! est décisif) 26. ♗h6! ♖×ç1+ 27. ♘×ç1 ♔×f7 28. ♕×g7+ ♔e8 29. g5! f5 30. ♕×g6+ ♔d7 31. ♕f7+ ♔ç6 32. e×f5+ et les Noirs abandonnent.

2. ... d6

Nous utiliserons ce coup populaire, souple et parfait, pour notre variante principale. Ce coup de pion garde la case e5 (permettant ainsi de jouer ... ♘f6 sans avoir à se soucier de e4-e5), ouvre la diagonale du Fou-dame et ne comporte aucun défaut stratégique ou tactique.

Des coups possibles, deux sont parfaits, les autres médiocres ou à plusieurs titres inférieurs.

Carrément mauvais est l'immédiat 2. ... d5?, car après 3. e×d5 ♕×d5 4. ♘ç3 ♕d6 5. d4 ç×d4 leur supériorité de développement donne aux Blancs une initiative persistante, tant après 6. ♕×d4 qu'après 6. ♘×d4.

51

Dans la catégorie médiocre, on trouve :

2. ... a6 - Avec l'espoir que les Blancs continueront automatiquement par 3. d4?!, après quoi les Noirs développent sans heurts leur aile-roi et obtiennent une égalité facile par 3. ... ç×d4 4. ♘×d4 ♘f6 5. ♘ç3 e5 6. ♘b3 (ou 6. ♘f3) 6. ... ♗b4!. Malheureusement n'importe quel troisième coup raisonnable, comme 3. ç4 ou 3. ç3, démontre la perte de temps que constitue 2. ... a6 et donne aux Blancs un solide avantage.

2. ... g6 - Aspire à la mise en fianchetto immédiate du Fou-roi. Stratégiquement le fianchetto constitue une idée parfaitement valable (voir notre discussion de la variante du Dragon), mais pour l'instant 3. d4 est désagréable, 3. ... ç×d4 autorisant 4. ♛×d4 avec attaque sur la Tour-roi.

2. ... ♘f6 - Cette idée de Nimzovitch peut se comparer à la Défense Alekhine (1. e4 ♘f6), mais est ici moins efficace car après 3. e5 il est démontré que le coup ♘f3 s'avère plus utile aux Blancs que le coup 1. ... ç5 aux Noirs.

L'alternative noire parfaite est :

(1) 2. ... ♘ç6 - La suite stratégiquement la plus logique après 1. ... ç5 : le Cavalier se rend sur sa meilleure case centrale, d'où il surveille d4 et e5. Rien sur le plan purement échiquéen ne s'oppose à ce coup. Il empêche cependant les Noirs de jouer certaines variantes actuellement populaires, telles que la Najdorf et le Dragon. Si les Noirs font rapidement suivre par ... d6, les mêmes lignes de jeu qu'après 2. ... d6 peuvent se présenter. La discussion du cinquième coup noir éclaircira nos propos.

Les principales lignes indépendantes pouvant surgir après 2. ... ♘ç6 sont :

a) Le Dragon accéléré après 3. d4 ç×d4 4. ♘×d4 g6 ;

b) la variante Taïmanov après 3. d4 ç×d4 4. ♘×d4 e6 ;

c) la Sviechnikov - Lasker après 3. d4 ç×d4 4. ♘×d4 ♘f6 5. ♘ç3 e5.

Toutes font actuellement l'objet de recherches théoriques poussées et de sévères tests pratiques.

(2) 2. ... e6 - Les Noirs protègent la case-clé d5 et ouvrent la diagonale de leur Fou-roi. Du point de vue des principes d'ouverture, ce coup doit être considéré comme parfait. Si les Noirs font suivre par ... d6, les mêmes variantes qu'après 2. ... d6 peuvent se produire. Si les Noirs poursuivent par ... ♘ç6, on peut rencontrer les mêmes variantes qu'après 2. ... ♘ç6.

La variante indépendante la plus importante est la Kan, qui résulte de 3. d4 ç×d4 4. ♘×d4 a6. Elle me semble quelque peu extravagante, mais apparaît fréquemment dans les tournois.

3. d4

Le coup le plus actif et le meilleur, testé avec succès dans des milliers de parties de maîtres. Les Blancs ouvrent à la fois la diagonale de leur Fou-dame et la colonne « d » pour leur Dame ; après l'échange des pions au centre, ils pourront déployer toutes leurs pièces mineures de façon active. Le premier coup noir n'ayant en rien contribué au développement de l'aile-roi, la rapide mise en œuvre de leurs figures donnera naturellement aux Blancs de bonnes chances d'attaque contre le monarque adverse.

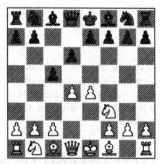

19

Après 3. d4

Le grand-maître danois Bent Larsen a remarqué avec perspicacité qu'il n'était pas complètement convaincu de la valeur communément admise du coup 3. d4, parce que les Blancs proposent l'échange du pion dame stratégiquement très précieux contre un pion de moindre importance. Cette analyse est exacte si l'on s'en tient à des considérations stratégiques statiques. Néanmoins, il faut toujours également prendre en compte la situation dynamique spécifique. Ici l'aspect dynamique hurle d'ouvrir rapidement la position, afin de pouvoir utiliser la force inhérente à 1. e4.

Outre 3. d4, les Blancs disposent aussi de deux bons coups :

(1) **3. ♘ç3** - Le Cavalier-dame est immédiatement développé sur sa meilleure case. Les Noirs ne peuvent profiter de l'omission de 3. d4 pour jouer 3. ... e5?!, ce coup offrant une très forte diagonale au Fou-roi blanc après 4. ♗ç4. Ainsi, les Noirs n'ont rien de mieux que 3. ... ♘f6 ou 3. ... ♘ç6, et après 4. d4 la partie reprend un cours normal, bien que via une transposition de coups.

(2) **3. ♗b5 +** - Jusqu'aux environs des années 1970 cet échec passait plutôt pour un coup d'amateur, la continuation étant invariablement 3. ... ♗d7 4. ♗ × d7 + ♕ × d7 5. 0-0. Les Blancs ont beau avoir roqué rapidement, l'échange des Fous a considérablement diminué leur force de frappe, et les Noirs égalisent assez facilement. Mais toute la philosophie entourant cet échec changea radicalement lorsque le superficiellement logique 5. 0-0 fut remplacé par le coup stratégiquement motivé 5. ç4!. Voilà une des très nombreuses variantes réhabilitées grâce à une meilleure compréhension des principes fondamentaux. L'idée de 5. ç4 est de contrôler avec force l'importante case d5. Comme les Fous de cases blanches ont été échangés, les Blancs n'ont pas à se soucier d'enfermer leur Fou-roi derrière sa chaîne de pions. Ainsi 5. ç4 ne comporte pas d'inconvénients stratégiques. Il n'a pas non plus de défauts tactiques, la pratique magistrale ayant démontré que la tentative de gagner un pion par 5. ... ♕g4? 6. 0-0 ♕ × e4 menait à un avantage de développement décisif en faveur des Blancs après 7. d4!.

Si les Noirs se développent de manière routinière, les Blancs roqueront et joueront d4. Si les Noirs tentent de prévenir d4 en jouant 5. ... e5, les Blancs obtiendront un Fou stratégiquement supérieur, les pions des Noirs ayant tendance à emmurer leur propre Fou-roi. L'évaluation globale de la position après 5. ç4 conduit à affirmer que les Blancs disposent d'un avantage léger, mais plaisant et pratiquement dénué de risques. Les Noirs se sont donc mis à la recherche d'autres défenses, dont 4. ... ♘ × d7 au lieu de 4. ... ♕ × d7, ainsi que 3. ... ♘ç6 ou 3. ... ♘d7 en réponse à 3. ♗b5 + . Mais dans chaque cas les

Blancs sont en droit d'attendre une certaine initiative, ce qui rend 3. ♗b5+ parfaitement valable à la place de 3. d4.

3. ... ç × d4

Les Noirs ne sont pas forcés de capturer, mais pourquoi ne le feraient-ils pas ? Comme nous l'avons déjà dit, ils échangent le pion « ç » contre le précieux pion-dame adverse, et ouvrent leur côté de la colonne « ç » afin de pouvoir éventuellement faire pression sur l'aile-dame blanche avec leur Tour-dame et leur Dame.

4. ♘ × d4

La capture de loin la plus habituelle. Nous sommes cependant ici dans un des rares cas où le développement apparemment prématuré de la Dame, 4. ♕ × d4, est également jouable, le coup normal 4. ... ♘ç6 pouvant être paré par 5. ♗b5 ; bien que les Blancs doivent échanger leur Fou-roi, la rapidité de développement qu'ils obtiennent et le fait qu'ils puissent conserver leur Dame au centre leur offrent des perspectives parfaitement convenables. Si les Noirs préparent ... ♘ç6 avec soit 4. ... a6 soit 4. ... ♗d7, les Blancs jouent 5. ç4, et l'accroissement de leur influence au centre compense le temps perdu à battre en retraite avec la Dame après 5. ... ♘ç6. En théorie, la lutte des Noirs pour l'égalisation est supposée être légèrement plus facile après 4. ♕ × d4 qu'après 4. ♘ × d4, mais en pratique 4. ♕ × d4 s'avère être une possibilité tout à fait raisonnable.

4. ... ♘f6

Pourquoi pas ? Le Cavalier-roi se rend sur sa case préférée avec gain de temps, le pion e4 étant attaqué. Le coup est tellement parfait — n'entraînant pas même l'ombre d'un inconvénient possible — qu'il n'existe aucune justification pour jouer un quelconque autre coup.

5. ♘ç3

Développer le Cavalier-dame sur sa case d'élection tout en remplissant la nécessaire tâche de défendre le pion e4 constitue de loin le meilleur coup blanc. Le pion-roi peut naturellement être défendu par 5. f3, mais pourquoi sélectionner un coup qui ne contribue en rien à la mise en jeu des pièces, quand on dispose d'un excellent coup de développement ? A première vue, le coup de développement 5. ♗d3 peut aussi sembler raisonnable. Il présente cependant de nombreux défauts : (1) le souvenir de l'adage « les Cavaliers doivent être développés avant les Fous » nous rappelle qu'il est encore trop tôt pour déterminer le meilleur emplacement du Fou-roi ; (2) en d3, le Fou ressemble à un gros pion et n'a aucune perspective d'activité dans l'avenir prévisible ; (3) les Noirs gagnent maintenant un temps de développement important par 5. ... ♘ç6, le Cavalier blanc en d4 n'étant pas protégé.

La position après 5. ♘ç3 constitue la position de base la plus importante de la Défense Sicilienne, quatre variantes primordiales prenant naissance à cette jonction.

(voir diagramme)

Les Noirs disposent ici de quatre coups parfaits. Trois d'entre eux découlent des principes fondamentaux d'ouverture. Le quatrième a été examiné et prouvé correct dans un colossal travail d'analyses et de tests pratiques. Ces quatre coups (variantes) parfaits sont :

20

Après 5. ♘ç3

(1) **5. ... ♘ç6**

Du point de vue du développement et du contrôle du centre, ce coup est parfait. Le Cavalier-dame est développé sur sa meilleure case, sans entraîner le moindre inconvénient. La variante spécifique à laquelle on aboutira dépendra de la formation adoptée par les Blancs. S'ils jouent 6. ♗e2, les Noirs peuvent transposer dans les lignes de la Scheveningue par 6. ... e6, ou dans le Dragon par 6. ... g6. L'actif 6. ♗ç4 — durant des années le choix exclusif de Bobby Fischer — impose la variante Sozine. Les Noirs y répondent au mieux par le solide 6. ... e6, restreignant l'activité du Fou-roi blanc.

Le plan blanc le plus actif et le plus prometteur est l'attaque Richter - Rauser, 6. ♗g5, qui prépare le grand roque tout en rendant difficile aux Noirs le développement régulier de leur aile-roi. Ainsi 6. ... g6?! permet aux Blancs de ruiner la structure de pions noire par 7. ♗ × f6, tandis que 6. ... e6 cloue volontairement le Cavalier-roi. Ce dernier coup est cependant le meilleur, et après 7. ♕d2, les Noirs doivent effectuer un choix fondamental. Ils peuvent accepter une position solide, bien que quelque peu passive, par 7. ... ♗e7 8. 0-0-0 0-0, où peuvent chercher immédiatement du contre-jeu par 7. ... a6 8. 0-0-0 ♗d7 9. f4 b5. Cette dernière approche, bien qu'incontestablement beaucoup plus risquée, est actuellement plus à la mode.

Notez que la même position peut être atteinte par l'ordre de coups 2. ... ♘ç6 3. d4 ç × d4 4. ♘ × d4 ♘f6 5. ♘ç3 d6.

(2) **5. ... e6**

Le coup ci-dessus amène la Variante Scheveningue, nommée ainsi d'après la ville hollandaise où la variante devint pour la première fois populaire en tournoi. La Scheveningue représente la façon la plus solide qu'aient les Noirs de traiter cette partie naturellement déséquilibrée qu'est la Sicilienne. Le pion-roi garde l'importante case d5 et permet aux Noirs de jouer ... ♗e7, suivi du petit roque. Les Blancs de leur côté, peuvent également se développer simplement par 6. ♗e2 et 7. 0-0, suite qu'affectionne Karpov. Les Blancs peuvent aussi chercher à profiter du fait que les Noirs ont volontairement enfermé leurs deux Fous, en jouant le coup central aigu 6. f4 ou le coup de l'aile très tranchant 6. g4!?, ce dernier étant une idée du grand-maître Paul Kérès.

Notez que la même position peut se présenter après l'ordre de coups suivant : 2. ... e6 3. d4 ç × d4 4. ♘ × d4 ♘f6 5. ♘ç3 d6.

(3) **5. ... g6**

Les Noirs comptent développer leur Fou en fianchetto pour qu'il agisse sur le centre, puis mettre leur Roi en sûreté en effectuant le petit roque. C'est la Variante du Dragon importante et très jouée. La Dragon est stratégiquement fondée, théoriquement saine, et mène à des situations tactiques intéressantes. Ce sera la variante analysée en détail dans le chapitre 6, « Cours avancé ».

(4) **5. ... a6**

C'est la Variante Najdorf mondialement connue. Elle est baptisée d'après le grand-maître argentino-polonais Miguel (Misha) Najdorf, qui la rendit populaire après la seconde guerre mondiale. Ce fut cependant Robert J. Fischer qui la rendit fameuse en s'en faisant l'avocat et en remportant avec elle des succès sans fin. Nous savons qu'elle est correcte, grâce à l'immense travail analytique effectué par Fischer et son armée de partisans de la Najdorf.

Examinons maintenant la relation entre 5. ... a6 et la situation actuelle sur l'échiquier. Ce coup garde la case b5, empêchant le Fou-roi ou l'un quelconque des Cavaliers blancs de l'utiliser. Les Noirs se préparent en outre à jouer ... b5 au moment approprié. C'est tout. Ces avantages revêtent-ils une importance considérable ? Non, ce n'est pas le cas. Les Noirs ont-ils amélioré leur développement, leur contrôle du centre ou leurs perspectives de roque ? Réponse négative. Les Noirs jettent en fait un défi psychologique aux Blancs : celui de « venir les chercher ». Les Noirs jouent la Sicilienne déjà risquée avec pratiquement un temps entier de moins (5. ... a6 est très légèrement supérieur à ne pas jouer du tout de coup). Comme je l'ai dit précédemment, la Najdorf est théoriquement correcte. C'est-à-dire correcte pour Fischer, ou pour quelqu'un pouvant s'y retrouver aussi bien que lui dans des monceaux d'analyses récentes. Pour le reste du monde, elle est excessivement difficile à jouer, car ses variantes reposent beaucoup plus sur des calculs spécifiques, tendus, compliqués, au « coup par coup », que sur des principes stratégiques. Le joueur moyen qui emploie la Najdorf assume des risques considérablement plus élevés que d'ordinaire, avec une probabilité de succès inférieure à la normale. Souvenez-vous que les Noirs jouent avec pratiquement un temps entier en moins !

Comment les Blancs peuvent-ils réagir face à la Najdorf ? De nombreuses façons, bien entendu. Ils peuvent faire semblant de l'ignorer et se développer par 6. ♗e2 suivi du petit roque. C'est ainsi que joue Karpov, selon qui « il n'y a absolument aucune raison d'offrir aux Noirs aucunes des contre-chances dont ils rêvent ». Les Blancs peuvent à l'inverse immédiatement aller à la recherche du scalp noir par 6. ♗g5 e6 7. f4. Les variantes découlant de 6. ♗g5 sont extrêmement compliquées, tactiques, longues, difficiles - et de plus évoluent constamment. Entre ces deux extrêmes, on trouve des possibilités comme 6. a4 et 6. f4.

Tous les coups autres que les « quatre parfaits » mentionnés ci-dessus sont inférieurs. Je discuterai exceptionnellement d'un autre coup, 5. ... e5?!, parce qu'il est très apprécié de nombreux amateurs.

21

Après 5. ... e5?!

J'imagine que les adeptes de ce coup le trouvent bon : le Cavalier blanc est chassé de sa position focale, et le pion-roi est d'un point de vue central plus actif en e5 que par exemple en e7. Les désavantages encourus sont cependant sévères. Les Noirs affaiblissent tout d'abord de façon permanente l'importante case d5, dans la mesure où ils ne peuvent plus la protéger par un pion. Ensuite le pion d6 devient arriéré, et vulnérable à une attaque sur la colonne « d ». Enfin, le Fou-roi des Noirs est condamné à une vie de monotone passivité. Il sert principalement à défendre le pion d6, son champ d'action étant pratiquement nul en e7. S'il est placé en fianchetto (c'est-à-dire en g7), il ne jouit pas non plus de grandes perspectives, le pion e5 limitant sévèrement son activité. De plus, le pion d6 peut s'avérer très faible quand le Fou est en g7.

La meilleure réponse blanche consiste à prendre immédiatement avantage de l'affaiblissement des cases blanches par 6. ♗b5 + . Après 6. ... ♘bd7 les Blancs disposent de 7. ♘f5, tandis qu'après 6. ... ♗d7 ils jouent 7. ♗ × d7 + ♛ × d7 8. ♘f3.

CHAPITRE 6

Défense Sicilienne : cours avancé

La majorité des variantes de la Défense Sicilienne suit les voies logiques qu'exigent des principes d'ouverture sains. Nous intéresser plus longuement et plus en profondeur à l'une d'entre elles nous permettra d'illustrer parfaitement notre thème plus général « comment bien jouer l'ouverture ». De plus, cette investigation nous apprendra énormément de choses sur les particularités stratégiques et tactiques de la Sicilienne. J'ai choisi de vous faire étudier plus en détail la Variante du Dragon. Comme nous l'avons déjà dit au chapitre 5, la Dragon est tout à fait fondée stratégiquement, et mène à des variantes tactiques aiguës et thématiques.

Notre point de départ est la position atteinte après 1. e4 ç5 2. ♞f3 d6 3. d4 ç×d4 4. ♞×d4 ♞f6 5. ♞ç3 g6.

Les caractéristiques les plus importantes de la Dragon, du point de vue noir comme du point de vue blanc, sont les suivantes :

1.   La suite évidente du coup 5. ... g6 est de développer le Fou-roi par ... ♝g7, afin d'exercer une pression sur la grande diagonale centrale. Les Noirs étant prêts à effectuer le petit roque dès qu'ils ont joué ... ♝g7, l'aile-roi constitue le refuge naturel du Roi noir.

2.   La formation de pions centrale est en faveur des Blancs, le pion e4 contrôlant plus d'espace que le pion d6. Les Noirs obtiennent une bonne égalité s'ils parviennent à jouer ... d5 sans désavantage, ce qui d'ailleurs est pratiquement toujours vrai dans la Sicilienne.

3.   Le coup 5. ... g6 a entraîné un affaiblissement léger mais fondamental de l'aile-roi noire, le pion g6 pouvant maintenant être attaqué par un pion blanc en h5. Cela peut à son tour mener à l'ouverture d'une colonne sur l'aile-roi, très probablement la colonne « h ».

4.   Les Blancs peuvent choisir de roquer sur l'une ou l'autre aile. Bien entendu, roquer sur l'aile-roi est intrinsèquement plus sain. Cependant le grand roque est à court terme raisonnablement sûr, et offre aux Blancs des perspectives d'attaque contre l'aile-roi noire. Les éléments-clé de cette attaque sont l'ouverture de la colonne « h » et l'échange du Fou-roi noir par ♝h6.

Examinons maintenant les lignes principales de la variante du Dragon, et leurs possibilités accessoires importantes. A partir du point de départ illustré par le diagramme 22, le jeu se développe ainsi :

Défense Sicilienne
Variante du Dragon

22

Après 5. ... g6

6. ♗e3

Les deux Cavaliers étant développés, la tâche des Blancs est maintenant de sortir les Fous. Le Fou-dame dispose apparemment de deux emplacements logiques : g5 et e3. Bien que 6. ♗g5 semble bon à première vue, l'attaque sur le Cavalier f6 est stoppée net par le simple 6. ... ♗g7. De plus, les Noirs obtiendront des contre-chances basées sur le manque de protection de la case d4 (et donc du Cavalier qui s'y trouve). Par contre 6. ♗e3 développe le Fou-dame de façon souple et centrale, sans présenter aucun inconvénient. Ce coup tend même une chausse-trape perfide. Si les Noirs deviennent trop vifs, et jouent 6. ... ♘g4?, 7. ♗b5 + ! permet aux Blancs d'encaisser un matériel décisif après 7. ... ♗d7 8. ♕ × g4.

Les Blancs peuvent aussi développer leur Fou-roi en premier, et le placer soit en e2, soit en ç4. Cependant, la meilleure case du Fou-dame étant déjà connue, il est un peu plus souple de le développer d'abord. Le jeu s'écarte normalement des variantes principales de la Dragon si les Blancs jouent 6. f4, la variante Levenfich. La réponse noire la plus solide est 6. ... ♘ç6, la position après 7. ♘ × ç6 b × ç6 8. e5 ♘d7! 9. e × d6 e × d6 offrant approximativement des chances égales aux deux camps. Le défaut stratégique de la Levenfich, comme on peut aisément le constater, est que la supériorité centrale des Blancs s'est évanouie tandis que la position noire demeure suffisamment solide.

6. ... ♗g7

Il n'y a absolument aucune raison de retarder ce coup, qui constitue l'idée de 5. ... g6. Cependant, d'un point de vue pratique, 6. ... ♘ç6 est équivalent.

7. f3

L'introduction de l'attaque Yougoslave ; les Blancs poursuivront par ♕d2 et 0-0-0. Le coup préparatoire du texte remplit de nombreuses fonctions : le désagréable ... ♘g4 est empêché, le pion-roi est solidement protégé et l'avance potentielle sur l'aile-roi, g4, préparée. L'attaque Yougoslave est de loin la façon la plus aiguë de traiter la Dragon, et représente le choix le plus populaire dans la pratique des maîtres.

Cependant la vieille variante, dite encore variante « normale », où les Blancs roquent sur l'aile-roi, est parfaitement correcte. La position-clé dans cette ligne

60

de jeu survient après 7. ♗e2 ♘ç6 8. 0-0 0-0. Les Blancs ne peuvent immédiatement attaquer sur l'aile-roi par 9. f4?, parce que les Noirs joueraient 9. ...
♕b6!, attaquant directement le pion b2 et indirectement le Cavalier d4 (la
menace est 10. ... ♘×e4!, gagnant le pion e4). Pour leur part, les Noirs ont
roqué et sont prêts à jouer 9. ... d5, coup qui égalise après 9. f3, 9. h3 ou 9.
♔h1 et mène seulement à un léger désavantage après 9. ♕d2.

On obtient la variante principale après 9. ♘b3 ♗e6 10. f4 ; les Noirs ont
deux façons de faire face à la poussée blanche f4-f5. Dans l'ancienne variante
Maroczy les Noirs jouaient 10. ... ♘a5, afin de faire suivre par 11. ... ♗ç4 sur
11. f5. Dans la plus récente variante Tartakover les Noirs empêchent f5 par
10. ... ♕ç8 puis tentent de forcer ... d5 en jouant ... ♖d8. Dans les deux cas,
les Noirs peuvent espérer obtenir finalement l'égalité.

7. ... ♘ç6

Développer le Cavalier-dame sur sa meilleure case constitue un coup parfait.

8. ♕d2

Poursuit le plan de préparation du grand roque.

8. ... 0-0

Bien que l'on puisse s'attendre à ce que les Blancs attaquent sur l'aile-roi, le
Roi y est quand même plus en sécurité qu'au centre. En outre, la Tour-roi est
mise en jeu et les chances de parvenir à ... d5 améliorées. Le grand roque n'est
pas viable, parce que le Roi est trop exposé sur cette aile (le pion « ç » est man-
quant !), et parce que les chances d'attaque thématiques des Noirs résident
sur la colonne « ç » — la présence du Roi dans ce secteur gênerait de façon
significative la recherche du contre-jeu.

9. ♗ç4

Le coup le plus récent et le plus habituel. Le Fou est agressivement placé
pour attaquer la case f7, et le coup de libération noir ... d5 est empêché. Ce
coup comporte cependant un défaut inévitable : le manque de protection du
Fou en ç4 permettra aux Noirs de gagner un temps ou deux pour leur propre
développement.

Egalement bon et jouable est le plus ancien 9. 0-0-0. Les Noirs disposent
alors de la poussée à double tranchant 9. ... d5!?, avec la suite 10. e×d5
♘×d5 11. ♘×ç6 b×ç6. Les analyses et la pratique ont montré que les Noirs
n'avaient pas à craindre la perte d'un pion après 12. ♘×d5 ç×d5 13. ♕×d5,
car par 13. ... ♕ç7! ils obtiennent d'excellentes chances d'attaque le long des
colonnes semi-ouvertes « b » et « ç » (14. ♕×a8?! ♗f5! mène à un avantage
noir). L'opinion actuelle des maîtres est que les Blancs doivent jouer de façon
stratégique par 12. ♗d4! e5 13. ♗ç5 ♗e6! 14. ♘e4!, avec une position
légèrement plus plaisante pour eux, car après 14. ... ♖e8 15. h4! ils bénéficient de chances d'attaque sur l'aile-roi, tandis que le Fou-roi des Noirs est au
repos et que le clouage sur la colonne « d » peut se révéler embêtant.

9. ... ♗d7!

(voir diagramme)

Un coup apparemment tout à fait logique : la dernière pièce mineure est
développée, et la voie est ouverte à la Tour-dame pour entamer la recherche de

23

Après 9. ... ♗d7!

contre-jeu sur la colonne « ç » par ... ♖ç8. Et cependant il fallut longtemps à la communauté des maîtres — plus de six ans — pour le découvrir ! L'explication réside dans le fait qu'ils étaient tellement terrorisés par l'apparente puissance du Fou-roi blanc qu'ils pensaient que des contre-mesures immédiates étaient requises pour neutraliser l'horrible bête. Les Noirs essayèrent ainsi 9. ... ♘ × d4 10. ♗ × d4 ♗e6, 9. ... ♘a5, 9. ... ♘d7 suivi de 10. ... ♘b6 et 11. ... ♘a5, 9. ... a5, le tout sans résultats. Comme les coups à relent exotique ne fonctionnaient pas, on décida de retourner aux bases, et petit à petit les Noirs commencèrent à obtenir de bonnes chances. Voilà un des meilleurs exemples montrant comment l'application correcte des principes fondamentaux d'ouverture — achever le développement avant de se lancer à l'action, importance de l'influence centrale, etc. — aurait pu éviter des ennuis sérieux à de nombreux maîtres.

10. h4

La future stratégie blanche contient deux aspects essentiels, l'attaque le long de la colonne « h » et le grand roque. Il n'y a sans doute pas de grande différence entre 10. 0-0-0 et 10. h4. Cependant, la pratique magistrale donne actuellement la préférence au coup le plus aigu, qui soumet immédiatement les Noirs à une forte attaque, sans présenter d'inconvénients.

Bien que le Fou-roi blanc soit vulnérable en ç4, il n'y a aucune raison de perdre volontairement un temps en le retirant en b3. Après 10. ♗b3?!, les Noirs peuvent immédiatement entreprendre une action prometteuse sur l'aile-dame par 10. ... ♘ × d4! 11. ♗ × d4 b5!, suivi de ... a5. Cela donne des contre-chances absolument égales aux Noirs, le Fou-roi blanc étant maintenant dans une position précaire. Souvenez-vous de ceci : ne perdez pas de temps avec des retraites inutiles quand la position requiert un jeu tranchant de part et d'autre !

Le coup du texte annonce clairement aux Noirs ce qui les attend : une attaque directe pointue contre leur Roi. Comment doivent-ils réagir ? Deux approches de la position sont concevables : 1) contre-attaquer immédiatement sur l'aile-dame, ou 2) chercher à combiner défense et contre-attaque.

10. ... h5

Dans le début des années 1980, la pratique des maîtres donna la préférence à la tentative de ralentir l'attaque blanche sur la colonne « h ». Ce à quoi parvient le coup du texte, mais à un coût très clair et très visible : un affaiblissement fondamental de la structure de pions noire de l'aile-roi. De plus, la recherche de contre-jeu prendra un temps de retard.

L'autre plan consiste à démarrer immédiatement des opérations de contre-attaque. Les sous-variantes aiguës et tactiques pouvant gagner ou perdre leur popularité facilement, les lignes de jeu impliquant une contre-attaque immédiate peuvent réapparaître à tout moment dans la pratique. La partie A. Karpov - V. Kortchnoï, 2e du match, 1974 se poursuivit par :

10. ... ♖ç8 (menaçant de gagner du matériel par 11. ... ♘×d4) 11. ♗b3 ♘e5 (allant à la recherche de contre-jeu immédiat sur la colonne « ç ») 12. 0-0-0 ♘ç4 13. ♗×ç4 (la nécessité de cette capture démontre le désavantage stratégique majeur de 9. ♗ç4 : le Fou-roi a dû jouer deux fois pour finalement s'échanger contre le Cavalier-dame noir sur une case qu'il contrôlait tout aussi bien de f1!) 13. ... ♖×ç4 14. h5! (par rapport au coup de préparation 14. g4, les Blancs économisent un ou deux temps pour l'ouverture de la colonne « h » en sacrifiant ce pion) 14. ... ♘×h5 15. g4 ♘f6 16. ♘4e2!.

Match, 1974

KARPOV   **KORTCHNOÏ**

24

Après 16. ♘4e2!

(Un coup à buts multiples : (1) Le Cavalier ç3 est surprotégé, ce qui empêche les Noirs de trouver du contre-jeu par le sacrifice de qualité thématique ... ♖×ç3, (2) Le Cavalier peut se rendre en g3 ou f4 pour participer à l'attaque, (3) ♗h6 menace. L'immédiat 16. ♗h6? permet 16. ... ♘×e4! 17. ♕e3 ♖×ç3!, avec suffisamment de contre-jeu noir.) 16. ... ♕a5 (Contre-attaque !) 17. ♗h6 (Echangeant le précieux Fou noir offensif et défensif.) 17. ... ♗×h6 18. ♕×h6 ♖fç8 (Contre-attaque !) 19. ♖d3! (Empêchant encore tout contre-jeu pouvant résulter d'un sacrifice de qualité en ç3. Les Noirs devraient maintenant neutraliser l'attaque blanche par 19. ... ♕d8 20. g5 ♘h5 21. ♘g3 ♕f8, après quoi les Blancs récupèrent le pion et conservent un léger avantage en finale.) 19. ... ♖4ç5? 20. g5!! ♖×g5 (Forcé) 21. ♖d5!! (Le concept d'attaque de la faiblesse noire h7 introduit par les 20e et 21e coups blancs est particulièrement brillant. Les Noirs sont maintenant perdus.) 21. ... ♖×d5 22. ♘×d5 ♖e8 23. ♘2f4! ♗ç6 24. e5!! ♗×d5 (Le puissant 24e coup blanc prévient l'échec de la Dame noire en g5 dans la variante suivante : 24. ... d×e5 25. ♘×f6+ e×f6 26. ♘h5! g×h5 27. ♖g1+.) 25. e×f6 e×f6 26. ♕×h7+ ♔f8 27. ♕h8+ et les Noirs abandonnèrent, car ils subiraient de lourdes pertes en matériel après 27. ... ♚e7 28. ♘×d5+ ♛×d5 29. ♖e1+.

11. 0-0-0

Les Blancs, dont les perspectives d'attaque immédiates ont été stoppées, complètent à juste titre le développement de leur aile-dame en roquant.

11. ... ♖ç8 12. ♗b3

La menace 12. ... ♘×d4 force le Fou à battre en retraite.

12. ... ♘e5

La position critique de cette sous-variante. Les Noirs sont prêts à entamer leur contre-jeu sur la colonne « ç » par 13. ... ♘ç4, tandis que l'attaque blanche semble être contenue. Les Blancs doivent maintenant opter pour une des méthodes suivantes :

(1) Force brute - Les Blancs jouent 13. g4?! : la position des Noirs est suffisamment saine, et après 13. ... h×g4 14. h5 ♘×h5 15. ♗h6 e6! ils ont toutes raisons de penser pouvoir repousser victorieusement l'attaque blanche.

(2) Préparation calme - Les Blancs jouent 13. ♚b1 ; les Noirs obtiennent une égalité approximative par la suite thématique 13. ... ♘ç4 14. ♗×ç4 ♖×ç4 15. ♘b3 ♛ç7.

(3) Echange stratégique - Les Blancs jouent 13. ♗h6 ; bien que l'échange des Fous de cases noires représente un acquis stratégique pour les Blancs, les Noirs disposent d'une suite tactique qui leur permet d'obtenir un contre-jeu tout à fait suffisant : 13. ... ♗×h6! 14. ♛×h6 ♖×ç3! 15. b×ç3 ♛a5 16. ♚b2 ♖ç8. L'affaiblissement de la position du Roi et de la structure de pions donne aux Noirs une compensation parfaite au sacrifice de la qualité.

Comme les Blancs doivent bien faire quelque chose, même si aucune action vraiment sérieuse ne peut être entreprise, le meilleur coup est :

13. ♗g5!

Un changement de plan créatif. Les Blancs ne peuvent monter aucune action immédiate contre l'aile-roi adverse, mais les faiblesses noires leur offrent des perspectives à long terme. Les Blancs se préparent donc à agir au centre. Les Noirs ne peuvent chasser l'agaçant Fou par 13. ... ♘h7?!, la mauvaise position du Cavalier entraînant, après 14. ♗h6! ♗×h6 15. ♛×h6, l'incorrection du sacrifice de qualité 15. ... ♖×ç3, qui n'offre plus maintenant de compensation suffisante.

13. ... ♖ç5!

Les Noirs s'apprêtent à rechercher du contre-jeu par 14. ... b5, tout en donnant un support additionnel à leurs cases centrales, particulièrement e5. La puissance latente du coup 13. ♗g5 empêche les Noirs de mener à bien des plans plus conventionnels dans des conditions satisfaisantes. Ainsi 13. ... ♛a5?! est paré par 14. ♚b1!, et les Blancs menacent déjà 15. ♗×f6! ♗×f6 16. ♘d5, ruinant la structure de pions noire. Si 13. ... ♘ç4?!, alors 14. ♗×ç4! ♖×ç4 15. ♘b3! et les Blancs menacent de la désagréable poussée e5, car 16. ... d×e5 mène à la perte d'une figure après 17. ♗×f6!.

A partir de maintenant, nous allons suivre la partie A. Karpov - G. Sosonko, Tilburg 1979 :

KARPOV   SOSONKO

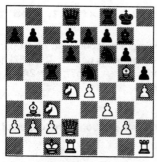

Après 13. ... ♖ç5!

14. ♖he1!?

Les Blancs appuyent au maximum la rupture centrale e5, en laquelle résident leurs perspectives immédiates. Jouer dès maintenant 14. f4 est moins efficace, car après 14. ... ♘ç4 15. ♕d3 b5 16. e5 les Noirs obtiennent un excellent contre-jeu par 16. ... ♕b6!. Notez que les Blancs ne peuvent gagner de pièce par 17. e × f6, leur Fou étant enfermé après 17. ... e × f6.

14. ... b5

Les Noirs lancent leur contre-attaque.

15. f4

Tout est en place pour l'imminente rupture e5 ; il n'y a plus de temps à perdre.

15. ... ♘ç4 16. ♗ × ç4 b × ç4?

Les Noirs espèrent obtenir du contre-jeu sur la colonne « b », mais ils n'auront pas assez de temps pour l'exploiter. Correct et nécessaire est donc 16. ... ♖ × ç4. Les Noirs peuvent alors contrer 17. e5 par 17. ... b4 18. e × f6 e × f6!. D'autres 17e coups blancs donneraient également un contre-jeu suffisant aux Noirs. Les possibilités particulières peuvent naturellement se montrer excessivement compliquées, ce qui est caractéristique de l'attaque Yougoslave de la Variante du Dragon.

17. ♗ × f6!!

Joué avec une compréhension très profonde de la position. Les Blancs échangent le Fou-dame, qui est vulnérable en g5 comme le montre la note accompagnant le 14e coup blanc. Après le routinier 17. e5?! les Noirs obtiendraient effectivement une très forte attaque par 17. ... ♕b6! 18. e × f6 ♖b8. Après le coup du texte, 17. ... e × f6 enfermerait le Fou et affaiblirait le pion-dame, permettant aux Blancs de s'adjuger un avantage considérable par 18. ♘f3 ou 18. f5.

17. ... ♗ × f6 18. e5! ♗g7

Il n'y a pas le choix, 18. ... d × e5? 19. ♘f3!, et 18. ... ♗ × h4? 19. ♖h1 étant tous deux injouables.

19. e6!

Notez comment l'avance centrale est finalement utilisée pour affaiblir plus encore l'aile-roi noire.

19. ... ♗ç8 20. e×f7+ ♖×f7 21. ♘e6 ♗×e6 22. ♖×e6 ♛a5!?

Visant à extraire le maximum du contre-jeu offert par les circonstances. Si les Blancs précipitent les événements par 23. ♖×g6?!, les Noirs se retrouvent raisonnablement bien après 23. ... ♔h7!, car 24. ♖g5 ♗×ç3 force 25. ♛×ç3 avec une finale égale.

23. ♛e3!

Augmentant la pression sur la position noire tout en offrant au Roi blanc une case de fuite en d2.

23. ... ♗×ç3

Crée certaines chances d'attaque, qui ne forment pas une compensation suffisante à l'affaiblissement mortel de la position du Roi. Cela dit, même après le relativement meilleur 23. ... ♗f6, les Blancs posent des problèmes insurmontables aux Noirs par 24. ♘e4!.

24. b×ç3 ♛×a2 25. ♖×g6+ ♔f8 26. ♛e4!

La Dame centralisée menace 27. ♛a8+, et se tient également prête à se rendre sur l'aile-roi si nécessaire.

26. ... ♛a6 27. ♖d5!

L'échange d'une paire de Tours permet aux Blancs de pénétrer de façon décisive au cœur de la position noire. L'élégante réfutation de 27. ... ♛ç6 est 28. ♖×ç5!.

27. ... ♖f6 28. ♖×ç5 ♖×g6 29. ♖×h5 d5 30. ♖×d5

Les Noirs abandonnent.

Ils ont deux pions de moins et sont toujours en danger de mat.

CHAPITRE 7

Gambit de la Dame Refusé : principes de base

Durant la majeure partie du 19e siècle le romantisme et l'attaque étaient à l'ordre du jour, et le premier coup blanc était invariablement 1. e4. Les plus forts joueurs réalisèrent cependant vers la fin du siècle que le coup 1. d4 était également tout à fait logique. Il n'existait aucun désaccord sur un point : la meilleure réponse à 1. d4 était supposée être 1. ... d5. Le raisonnement qui fait jouer 1. ... d5 était (et est toujours) de complètement garder le contrôle de l'importante case d5. Comme la Dame couvre d5 de sa position originelle, les Noirs ont beaucoup moins de mal à protéger cette case qu'ils n'en ont à protéger e5 dans les ouvertures débutant par 1. e4 e5. Le Gambit de la Dame Refusé a résisté au passage du temps grâce à sa solidité inhérente, et jouit dans les années 1980 d'une réputation aussi bonne qu'un siècle auparavant.

La caractéristique la plus importante de 1. ... d5, suivi de 2. ... e6, est sa solidité. Ce début a la faveur des maîtres qui acceptent de défendre une position légèrement resserrée afin d'obtenir finalement une égalité sûre et saine. Le jeu blanc se développe généralement du côté Dame. L'ouverture du centre peut toutefois facilement déplacer l'action vers l'aile-roi. La philosophie noire est normalement de défendre toute zone que les Blancs attaquent. Des occasions de contre-jeu noires surviennent habituellement chaque fois que les Blancs outrepassent leurs possibilités quelque part.

Bien sûr, les différentes variantes ont toutes leurs particularités propres. La variante principale, et les possibilités secondaires significatives sont les suivantes :

1. d4 d5 2. ç4

Le Gambit de la Dame

26

1. d4 d5 2. ç4

Les Blancs attaquent immédiatement l'avant-poste central noir, le pion d5, par le flanc. Cette ouverture se nomme le Gambit de la Dame. Cette appellation est toutefois impropre. Le mot « gambit » suggère un sacrifice ou un risque, or dans le Gambit de la Dame les Blancs ne sacrifient rien et ne risquent rien. Les Noirs peuvent capturer le pion ç4 mais ne peuvent se permettre de s'y accrocher. Par exemple, après 2. ... d×ç4 3. ♘f3 a6 4. e3 b5?! 5. a4, les Blancs sont sûrs de récupérer leur pion avec un avantage plus grand que normal. Deux preuves : 5. ... ç6 6. a×b5 ç×b5 7. b3! ç×b3 8. ♗×b5+!, ou 5. ... ♗b7 6. b3!.

Cependant, 2. ... d×ç4 tient un rôle reconnu dans la théorie échiquéenne, et s'appelle le Gambit de la Dame Accepté. Après 3. ♘f3, les Noirs rendent le pion capturé et cherchent à compléter rapidement leur développement. Les deux voies principales sont les suivantes : (1) 3. ... a6 4. e3 ♗g4 5. ♗×ç4 e6 6. h3 ♗h5 7. ♘ç3 ♘f6 8. 0-0 ♘ç6 9. ♗e2 ♗d6, et (2) 3. ... ♘f6 4. e3 e6 5. ♗×ç4 ç5 6. 0-0 a6 7. ♕e2 b5 8. ♗b3 ♗b7. On peut constater que dans chaque cas le développement des Noirs est fondamentalement sain, mais pourtant les Blancs bénéficient d'une claire supériorité centrale. D'après la théorie officielle, le Gambit de la Dame Accepté est un système d'ouverture parfaitement satisfaisant. Cependant, la supériorité centrale des Blancs, obtenue au moindre risque, me conduit à penser que le côté blanc est beaucoup plus facile à mener que le côté noir. La popularité du Gambit de la Dame Accepté a fluctué au cours des ans. Elle est actuellement à nouveau en hausse.

2. ... e6

Le but premier de 1. ... d5 est de contrôler les importantes cases centrales d5 et e4. Le coup noir suivant doit donc être en accord avec ce plan. Complètement faux — quoique fréquent chez les amateurs — est ainsi 2. ... ♘f6, car après 3. ç×d5 l'influence thématique des Noirs au centre a très largement disparue, et les Blancs obtiennent rapidement une supériorité centrale et stratégique confortable.

Pour renforcer d5, les Noirs doivent jouer soit 2. ... e6, soit 2. ... ç6. Le coup le plus fréquent est 2. ... e6, amenant des variantes de ce que l'on nomme la Défense Orthodoxe du Gambit de la Dame Refusé. Ce coup a l'avantage évident d'aider au développement de l'aile-roi et à la préparation du petit roque. Il comporte cependant un inconvénient stratégique : le Fou-dame est enfermé derrière son pion-roi.

La logique dictant 2. ... ç6 — la Défense Slave — est que d5 est protégé tout en conservant ouverte la diagonale du Fou de cases blanches. Il y a toutefois également un petit problème avec la Défense Slave : après 3. ♘ç3 ♘f6 4. ♘f3 comment les Noirs doivent-ils développer leur Fou-roi ? Si maintenant 4. ... e6, le Fou-dame est de nouveau enfermé, tandis que 4. ... g6 mène à une variante passive de la Défense Grünfeld (1. d4 ♘f6 2. ç4 g6 3. ♘ç3 d5). Le développement du Fou-dame par 4. ... ♗f5, bien qu'apparemment logique, mène malheureusement à des problèmes dans la protection de l'aile-dame après 5. ç×d5! ç×d5 6. ♕b3!. Les Noirs n'ont donc rien de mieux que d'abandonner le centre par 4. ... d×ç4.

Ce qui sauve les Noirs, c'est que les Blancs ne peuvent récupérer leur pion facilement par le coup autrement souhaitable 5. e3 ou 5. e4, car dans les circonstances présentes les Noirs peuvent jouer 5. ... b5 favorablement. Les Blancs doivent donc empêcher ce coup en jouant préalablement 5. a4, bien que ce coup présente deux désavantages : un temps est perdu, et la case b4 est irrémédiablement affaiblie. Ces facteurs permettent aux Noirs d'obtenir une position satisfaisante comme suit : 5. ... ♗f5 (contrôle e4) 6. e3 e6 (pour développer l'aile-roi) 7. ♗ × ç4 ♗b4 (pour développer l'aile-roi et contrôler indirectement e4) 8. 0-0 0-0 9. ♕e2 ♘bd7 (complétant le développement des pièces mineures).

Défense Slave

27

Après 9. ... ♘bd7

C'est une position-clé de la Défense Slave. Les Blancs ont un avantage central qu'ils peuvent augmenter par 10. e4 ♗g6. La position des Noirs est cependant très solide, et leurs pièces mineures bien développées. Le désavantage final des Noirs est donc minime.

3. ♘ç3

La continuation la plus logique, du point de vue des principes stratégiques. Le Cavalier-dame est immédiatement développé sur sa case idéale, d'où il attaque d5 et protège e4. D'un point de vue pratique, 3. ♘f3 est à peu près équivalent. Cependant, 3. ♘ç3 passe pour légèrement plus précis, parce que le pion-dame noir est sous pression et parce que les Blancs conservent plus de flexibilité dans l'avenir immédiat. En d'autres termes, ♘ç3 est utile à tous les plans blancs possibles, tandis que le développement du Cavalier-roi peut parfois être retardé dans certaines variantes.

3. ... ♘f6

Un coup parfait sous tous ses aspects : le Cavalier-roi est développé sur sa case idéale, protégeant d5 et permettant aux Noirs de roquer rapidement.

Il existe deux autres possibilités, qui se présentent fréquemment dans la pratique des maîtres. La première est 3. ... ♗e7, une façon sophistiquée d'empêcher l'immédiat ♗g5, qui n'a toutefois de signification que si les Blancs projettent de jouer la variante d'échange (ç × d5 au 3e, 4e ou 5e coup). Je reviendrai là-dessus un peu plus tard.

L'autre déviation est très importante : 3. ... ç5, menant à la Défense Tarrasch du Gambit de la Dame Refusé. En échange d'un pion-dame isolé, les Noirs obtiennent un jeu de figures libre et une bonne présence centrale. La popularité de la Tarrasch a connu bien des hauts et des bas. Elle est actuellement à nouveau en hausse. Parmi les récents champions du monde, Boris

Spassky la joue quelquefois. La variante principale survient après 4. ç×d5 e×d5 5. ♘f3 ♘ç6 6. g3! ♘f6 7. ♗g2 ♗e7 8. 0-0 0-0.

Défense Tarrasch

28

Après 8. ... 0-0

Les Blancs ont développé leur Fou-roi de façon à ce qu'il soit dirigé contre le pion-dame isolé des Noirs. Les coups normaux sont maintenant 9. d×ç5 ou 9. ♗g5, qui confèrent l'un et l'autre un léger avantage aux Blancs. Par contre, le développement des Noirs est sain, et leurs perspectives ne sont pas pires que dans d'autres défenses du Gambit de la Dame.

4. ♘f3

Développer le Cavalier-roi sur sa case idéale permet de se rapprocher des trois objectifs d'ouverture. Egalement bon est 4. ♗g5, qui mène après 4. ... ♗e7 5. ♘f3 à notre ligne principale.

Les Blancs peuvent aussi choisir un plan radicalement différent, que l'on nomme Variante d'Echange : 4. ç×d5 e×d5 5. ♗g5 ♗e7 6. e3 0-0 (6. ... ♗f5? échoue à cause de 7. ♕b3!) 7. ♗d3. Bien que la tension centrale ait été dissipée, les Blancs conservent un certain nombre de petits avantages : (1) l'échange du pion « ç » pour le pion « e » donne aux Blancs une plus grande influence centrale, (2) le Fou de cases blanches des Blancs est plus actif que son homologue noir, (3) les Blancs ont des chances d'attaque contre l'aile-dame noire le long de la colonne « ç » (si les Noirs jouent ... ç6, les Blancs attaqueront ce pion par b4, suivi de b5 - c'est ce que l'on appelle « une attaque de minorité »). En général, dans cet ordre de coups, la variante d'échange assure un avantage de début confortable aux Blancs. Cependant, le jeu prend un caractère plus aride que dans la variante principale, et n'est de ce fait pas du goût de tout le monde.

4. ... ♗e7

Le coup standard. Les Noirs anticipent ♗g5 et s'apprêtent à roquer. Trois autres plans, significativement différents, sont également possibles. Par 4. ... ♗b4 les Noirs entrent dans la variante Ragozine, un croisement entre le Gambit de la Dame Refusé et la Défense Nimzovitch (1. d4 ♘f6 2. ç4 e6 3. ♘ç3 ♗b4). Ce fut une des défenses favorites de Fischer au début de sa carrière, bien qu'il n'ait obtenu avec elle que des résultats médiocres. En général, mêler deux systèmes n'aboutit qu'à donner un mélange trouble ; là encore, après 5. ♗g5 h6 6. ♗×f6 ♕×f6 7. e3 0-0 8. ♖ç1, les Blancs ont plus de possibilités de conserver un avantage à cause du Fou-roi, qui n'a pas grand-chose à faire en b4.

Les deux autres choix noirs impliquent l'utilisation du pion « ç ». Après 4. ... ç5 5. ç×d5 ♘×d5 (5. ... e×d5 transpose dans la Tarrasch) on est dans la Semi-Tarrasch. Contrairement à ce qui se passait dans la Tarrasch, les Noirs n'ont pas à se soucier d'un pion-dame isolé, mais souffrent par contre d'une moins grande influence centrale. Les Blancs peuvent exploiter ce facteur soit par l'aigu 6. e4, soit par le modeste 6. e3, retenant dans chaque cas des chances légèrement supérieures.

Le coup d'apparence passive 4. ... ç6 est beaucoup plus vicieux qu'il n'en a l'air. Sa pointe tactique est qu'après le « normal » 5. ♗g5, les Noirs peuvent capturer et conserver le pion ç4. C'est la Variante Botvinnik, qui mène à d'énormes complications après 5. ... d×ç4 6. e4 b5! 7. e5 h6 8. ♗h4 g5. La théorie n'a pas encore fourni de réponse définitive quant à la valeur des sous-variantes qui surviennent. De plus, quand les Blancs jouent le coup stratégique 1. d4, ils souhaitent plus de calme qu'il n'est possible d'en obtenir dans la Variante Botvinnik. Les Blancs optent donc généralement pour le coup modeste 6. e3, bloquant volontairement leur Fou-dame. Cela mène à la variante de Méran, dont la suite principale est : 5. ... ♘bd7 6. ♗d3 d×ç4 7. ♗×ç4 b5 8. ♗d3. Les Noirs jouent maintenant soit 8. ... a6, soit 8. ... ♗b7, aspirant dans les deux cas à effectuer rapidement ... ç5. Les Blancs assurent bien entendu leur primauté au centre par 9. e4, obtenant de ce fait le léger avantage habituel.

5. ♗g5

Le Fou-dame est développé sur une case active, et l'attaque contre le Cavalier signifie un accroissement indirect de la pression sur d5. Pas tout à fait aussi courant mais parfaitement jouable est 5. ♗f4. Par contre, l'idée d'accélérer le développement de l'aile-roi par l'immédiat 5. e3?! est prématurée, ce coup bloquant sans nécessité le Fou-dame.

Notez également que la tentative d'entrer maintenant dans la Variante d'Echange n'amène aucun avantage. Après 5. ç×d5 e×d5 6. ♗g5 ç6! 7. e3 (ou 7. ♕ç2 g6! suivi de 8. ... ♗f5) 7. ... ♗f5 le Fou-dame des Noirs est bien développé, ce qui est suffisant pour égaliser les chances.

5. ... 0-0!

Oui ! Roquer rapidement constitue un important objectif d'ouverture, et s'avère encore plus nécessaire aux Noirs qu'aux Blancs. Il n'y a absolument aucune raison de ne pas compléter le développement de l'aile-roi par le roque. Le passif 5. ... ç6 est sans objet, parce que le pion d5 est déjà suffisamment protégé, et parce que les Noirs peuvent à un moment donné vouloir attaquer le pion d4 par ... ç5. On gagne bien évidemment du temps en effectuant cette manœuvre en une fois plutôt qu'en deux.

6. e3

Le Fou-dame étant développé, il devient souhaitable de compléter la mobilisation de l'aile-roi. Ce coup n'entraîne ici aucun désavantage.

6. ... h6

Le coup le plus joué dans les années 1970 et 1980. Les Noirs affaiblisssent légèrement leur aile-roi, mais la nature fermée de la position et le fait que les Blancs sont supposés roquer sur la même aile font que l'adversaire ne pourra en tirer parti. Les Noirs n'ont pas à craindre non plus 7. ♗ × f6 ♗ × f6, car ils peuvent facilement protéger leur pion-dame.

D'un point de vue positif, 6. ... h6 présente deux aspects favorables : (1) le pion « h » n'est pas vulnérable à l'attaque blanche attendue ♕ç2 et ♗d3, et (2) le Fou g5 est prié de déclarer ses intentions.

L'autre terme de l'alternative, qui a soutenu le test du temps, est le « classique » 6. ... ♘bd7. Ce coup inaugure un plan sain, quoique passif, par lequel les Noirs luttent calmement pour l'obtention de l'égalité. La variante principale est 7. ♖ç1 ç6 8. ♗d3 d × ç4 9. ♗ × ç4 ♘d5 ; dans le cas présent il est plus facile aux Noirs de forcer des échanges de figures si le Fou blanc est en g5 ; l'interposition de ... h6 n'est donc pas avantageuse.

7. ♗h4

Conserver le « semi-clouage » introduit par 5. ♗g5 est cohérent.

Cette position constitue le point de départ d'un grand nombre de variantes différentes de la Défense Orthodoxe du Gambit de la Dame Refusé. Une comparaison du développement de chaque camp conduit à l'évaluation suivante : les Blancs, grâce à leur pion ç4, ont plus d'influence au centre, et leurs trois pièces mineures développées travaillent sur d'importantes cases centrales. Le développement de leur aile-roi a du retard, mais la nature toujours fermée de la position fait que leur monarque n'est pas en danger immédiat. Les Noirs ont pour leur part complété le développement de leur aile-roi et mis leur Roi en sûreté en roquant. De plus, leur bastion central d5 est tout à fait solide.

Gambit de la Dame Refusé

Après 7. ♗h4

Le plan à court terme des Blancs est clair : compléter la mobilisation de leur aile-roi. Mais à quoi les Noirs doivent-ils aspirer maintenant ? Ils disposent en fait de trois approches raisonnables :

1. La manœuvre libératrice de Lasker : **7. ... ♘e4**

La position noire est visiblement un peu resserrée, et la technique standard pour libérer les positions resserrées est d'échanger des pièces. Ce à quoi mène le texte après les coups habituels 8. ♝ × e7 ♛ × e7 9. ç × d5 ♞ × ç3 10. b × ç3 e × d5. Cependant ces échanges ont renforcé le centre des Blancs, qui ont vu leur pion « b » se transformer en pion « ç ». Ce facteur leur permet d'obtenir un léger avantage de la manière suivante : 11. ♛b3! ♜d8 12. ç4! d × ç4 13. ♝ × ç4 ♞ç6 14. ♝e2. Que les Noirs échangent ou non les Dames, les Blancs effectueront le petit roque, et leur supériorité centrale leur offrira de relativement meilleures chances.

2. Le coup classique retardé 7. ... ♞bd7

Maintenant, sur 8. ♜ç1 ç6 9. ♝d3 d × ç4 10. ♝ × ç4, 10. ... ♞d5?! manque son but, car après 11. ♝g3! les Noirs n'ont aucune compensation à la diminution de leur influence centrale. Cependant le coup plus aigu 10. ... b5!? 11. ♝d3 a6, grâce auquel les Noirs cherchent à attaquer le centre blanc par ... ç5 (par exemple 12. 0-0 ç5), donne à ces derniers de bonnes chances d'aboutir finalement à l'égalité.

3. La variante Tartakover 7. ... b6

Nous la considérerons comme notre ligne principale, et la discuterons en détail au chapitre 8.

Les autres coups noirs sont ou bien peu recommandables, ou bien carrément mauvais. Ainsi 7. ... ♞h5?! offre un pion sur un plateau par 8. ♝ × e7 ♛ × e7 9. ç × d5, tandis que 7. ... ç5?! crée un pion-dame isolé et vulnérable après 8. ç × d5 e × d5 9. d × ç5.

CHAPITRE 8

Gambit de la Dame Refusé : cours avancé

Notre point de départ est la position après le septième coup blanc : 1. d4 d5 2. ç4 e6 3. ♘ç3 ♘f6 4. ♘f3 ♗e7 5. ♗g5 0-0 6. e3 h6 7. ♗h4. Qu'est-ce qui va et qu'est-ce qui ne va pas dans la position des Noirs ? Eh bien, ils ont mis leur Roi en sûreté en roquant, leur aile-roi est bien mobilisée, ils n'ont pas de faiblesses perceptibles, et leur influence centrale est bonne. Leur seul problème stratégique est le manque de débouchés de leur Fou-dame. Le pion e6 enferme le Fou de cases blanches, qui restera emmuré encore longtemps, sauf si les Blancs décident volontairement de jouer ç × d5, permettant aux Noirs de reprendre du pion-roi. Durant le tournoi de Londres 1922, le grand-maître franco-polonais Savielly Tartakover eut l'idée de résoudre immédiatement le « problème du Fou de cases blanches » en développant celui-ci en fianchetto. Dans sa partie contre Capablanca, il joua :

7. ... b6

L'idée des Noirs est absolument saine, et désarmante de simplicité : ils vont poursuivre par le coup logique d'un point de vue central 8. ... ♗b7, et le problème prétendument permanent du Fou-dame sera résolu en un instant ! Depuis son introduction, la Tartakover est devenue la façon noire la plus populaire de défendre la Variante Orthodoxe du Gambit de la Dame Refusé. Parmi les récents champions du monde, Boris Spassky, Robert J. Fischer et Anatoli Karpov l'ont employée avec succès. L'intérêt pratique particulier de la variante Tartakover est qu'elle est stratégiquement saine et conduit à une position déséquilibrée. Cela signifie non seulement que les Noirs ont d'excellentes perspectives d'égalisation, mais encore qu'ils peuvent parfaitement prendre le dessus si les Blancs ne jouent pas correctement.

Gambit de la Dame Refusé

30

Après 7. ... b6

Si les Blancs ne réagissent pas, c'est-à-dire s'ils ignorent le plan noir, leurs chances d'avantage dans le début sont inexistantes. Cela fut parfaitement démontré dans la partie n° 1 du match pour le championnat du monde V. Kortchnoï - A. Karpov, 1978 : 8. ♖ç1 ♗b7 9. ♗d3 d×ç4 10. ♗×ç4 ♘bd7 11. 0-0 ç5 12. d×ç5 ♘×ç5 13. ♕e2 a6! 14. ♖fd1 ♕e8! 15. a3 ♘6e4! 16. ♘×e4 ♘×e4 17. ♗×e7 ♕×e7 18. ♘d4 ♖fç8!. Nullité conclue. La formation de pions est pratiquement symétrique, tandis que les chances et les positions sont parfaitement égales.

Ainsi, pour espérer un avantage, les Blancs doivent tenter de contrecarrer les plans noirs. Mais de quelle façon ?

8. ç×d5

L'unique défaut stratégique de 7. ... b6 est l'affaiblissement léger mais permanent de la case ç6. L'idée du coup du texte est d'essayer d'en tirer profit en faisant rapidement pression sur l'aile-dame noire par la colonne « ç ».

Il existe une autre tentative, sophistiquée, d'exploiter la faiblesse de ç6. Elle provient de Victor Kortchnoï et consiste en 8. ♗×f6!? ♗×f6 9. ç×d5 e×d5. Il apparaît que les Blancs auraient pu sauver un temps en jouant immédiatement 7. ♗×f6, mais cette perte de temps est plus que contrebalancée par la création de la faiblesse en ç6. Bien que les Noirs aient acquis les deux Fous, ceux-ci ne les avantagent en rien, parce que la solidité de la chaîne de pions blanche signifie qu'il n'existe aucun point vulnérable qu'ils puissent attaquer dans le camp blanc. L'agile cavalerie blanche peut par contre manœuvrer de façon à attaquer le pion d5. Cela forcera les Noirs à jouer ... ç6, ce qui affaiblit le pion « ç ». Les Blancs tâcheront alors d'opérer directement contre ce dernier sur la colonne « ç », ou ouvriront le centre avantageusement par e4. Depuis la naissance de l'idée de Kortchnoï, plusieurs petites améliorations ont été apportées à l'exécution du plan blanc. Les Blancs jouent souvent 8. ♗e2 ou 8. ♕b3 en premier, pour inciter les Noirs à jouer 8. ... ♗b7. On empêche de cette façon le Fou de se rendre sur la case potentiellement plus utile e6.

La partie n° 11 du match A. Karpov - B. Spassky, demi-finales des candidats pour le championnat du monde, 1974, est un exemple qui permet de bien apprécier la stratégie blanche : 8. ♗e2 ♗b7 9. ♗×f6 ♗×f6 10. ç×d5 e×d5 (10. ... ♗×d5 donne une trop grande supériorité centrale aux Blancs) 11. 0-0 ♕d6 12. ♖ç1 a6 13. a3 ♘d7 14. b4 b5 15. ♘e1 (15. ♘d2 et 16. ♘b3 conserve le léger avantage blanc) 15. ... ç6 16. ♘d3 ♘b6? (16. ... a5! égalise) 17. a4! ♗d8 18. ♘ç5 ♗ç8 19. a5 ♗ç7 20. g3 ♘ç4 21. e4! ♗h3 22. ♖e1 d×e4 23. ♘×e4 ♕g6 24. ♘h5! ♕h7 25. ♕f3 f5? (la meilleure défense est 25. ... ♕f5) 26. ♘ç3 g6 27. ♕×ç6 g×h5 28. ♘d5 f4 29. ♖e7 ♕f5 30. ♖×ç7 ♖ae8 31. ♕×h6 ♖f7 32. ♖×f7 ♔×f7 33. ♕×f4 ♖e2 34. ♕ç7+ ♔f8 35. ♘f4 les Noirs abandonnent.

8. ... ♘×d5!

Il est impératif d'échanger une paire de pièces mineures, ce qui facilite grandement la tâche défensive des Noirs. Inférieur est 8. ... e×d5?! (joué par Tartakover en 1922), les Noirs n'ayant pas de compensation pour l'affaiblissement de leur aile-dame après 9. ♗d3!. Que les Noirs jouent 9. ... ♗b7 ou 9. ... ♗e6, les Blancs jouissent d'excellentes perspectives, tant sur la colonne « ç » que par un ♘e5 opportun.

76　　**9. ♗×e7**

Après 9. ♗g3 ♗b7! le Fou atteint la diagonale centrale désirée, et les Noirs n'ont pas de problèmes pour égaliser.

9. ... ♛×e7

La seule capture correcte. Après 9. ... ♞×ç3? 10. ♗×d8 ♞×d1 11. ♗e7 ♖e8 12. ♗a3 le Cavalier est emprisonné, tandis que 9. ... ♞×e7?! place le Cavalier dans une position défavorable et confère une nette supériorité centrale aux Blancs ; par exemple 10. ♗e2 ♗b7 11. 0-0 ♞d7 12. ♛a4 a6 13. ♖fd1.

10. ♞×d5!

Il est absolument nécessaire d'infliger aux Noirs une faiblesse permanente, ici le pion-dame. Après le coup routinier 10. ♗d3, les Noirs jouent 10. ... ♗b7 et sont très bien.

10. ... e×d5

31

Après 10. ... e×d5

Une position critique pour l'évaluation de la Variante Tartakover dans son ensemble. Les Noirs ont développé leur aile-roi depuis longtemps, et sont assurés d'obtenir l'égalité s'ils parviennent à mobiliser sans encombre leur aile-dame. La position peut facilement se retourner contre les Blancs, si ceux-ci poursuivent de manière inexacte. Voyez plutôt quel cours a pris la partie M. Bertok - R. Fischer, Interzonal Stockholm 1962 : 11. ♗e2 ♗e6! 12. 0-0 ç5 13. d×ç5? (13. ♞e5 conserve l'égalité) 13. ... b×ç5 14. ♛a4 ♛b7! 15. ♛a3 ♞d7 16. ♞e1 a5 17. ♞d3 ç4 18. ♞f4 ♖fb8, et la pression sur la colonne « b » donne l'avantage aux Noirs. Fischer le convertit en gain après 19. ... ♗f5! 20. ♖bd1 ♞f6 21. ♖d2 g5! 22. ♞×d5 ♞×d5 23. ♗×ç4 ♗e6 24. ♖fd1?! ♞×e3! 25. ♛×e3 ♗×ç4 26. h4 ♖e8 27. ♛g3 ♛e7 28. b3 ♗e6 29. f4 g4 30. h5 ♛ç5+ 31. ♖f2 ♗f5 les Blancs abandonnent.

11. ♖ç1!

Faisant immédiatement pression sur l'aile-dame affaiblie des Noirs. Les Blancs ne doivent pas craindre 11. ... ♛b4+, car après 12. ♛d2 ♛×d2+ 13. ♔×d2! leur Roi est en sûreté au centre, tandis que leur pression sur la colonne « ç » est pratiquement insupportable.

11. ... ♗e6

Pour résoudre leurs problèmes de l'aile-dame, les Noirs doivent rapidement jouer ... ç5, et pour ce faire le pion d5 doit être protégé. Le Fou-dame est mieux placé en e6 qu'en b7 pour deux raisons : (1) la diagonale ç8-h3 est ouverte, tandis que la diagonale a8-h1 est bloquée par le pion-dame, et (2) la Dame noire peut faire bon usage de la case b7.

12. ♕a4!?

Les Blancs voient venir 12. ... ç5. Comme il n'y a pas moyen de l'empêcher, ils se préparent à lutter contre ce pion dès qu'il aura atteint la cinquième rangée. Le coup du texte est une idée du grand-maître Salo Flohr, et représente, depuis son introduction dans les années trente, la ligne principale de la Variante Tartakover.

Cette manœuvre consomme toutefois du temps, et la Dame n'est pas spécialement bien placée sur a3, sa case de destination. Ainsi le coup de développement 12. ♗d3! — bien que moins populaire — est plus à même d'offrir aux Blancs le léger avantage de début qu'ils sont en droit d'attendre dans le Gambit de la Dame Refusé. Une suite logique serait 12. ... ç5 13. d × ç5 b × ç5 14. 0-0 ♘d7 15. e4! d × e4 16. ♗ × e4 ♖ab8 17. b3 ♖fd8 18. ♖e1, la structure de pions supérieure sur l'aile-dame et le placement de pièce actif donnant aux Blancs des perspectives légèrement meilleures dans le milieu de jeu.

12. ... ç5

Il n'y a absolument aucune raison de ne pas jouer ce coup ici, puisque c'est ainsi que les Noirs envisagent de libérer leur position.

13. ♕a3

L'idée du précédent coup blanc. Le pion ç5 étant cloué, les Blancs exercent sur lui une ferme pression, qui requiert un jeu très précis de la part de l'adversaire. Le coup du texte est beaucoup plus souple que 13. d × ç5 b × ç5 14. ♕a3.

13. ... ♖ç8

La seule façon satisfaisante de défendre le pion. Après 13. ... ♘d7?! 14. ♗a6, les Noirs éprouveraient des difficultés sur l'aile-dame.

Nous allons maintenant suivre la partie n° 6 du match pour le championnat du monde 1972, R. Fischer - B. Spassky :

14. ♗b5!?

1972 — match (6) —

FISCHER   **SPASSKY**

32

Après 14. ♗b5!?

Un plan intéressant, mais à double tranchant. Les Blancs tentent de gêner le développement de l'aile-dame noire, mais prennent le risque que leur Fou soit pris dans une situation incontrôlable. Plus sûr est 14. ♗e2, après quoi la meilleure idée noire est de se regrouper par 14. ... ♕b7!, ce qui mène à une égalité approximative par 15. d×ç5 b×ç5 16. 0-0 ♕b6 17. ♖ç3 ♘d7 18. ♖fç1 ♖çb8.

14. ... a6?!

Une sérieuse perte de temps, puisqu'il n'y a aucune menace. Là encore le plan le plus efficace est 14. ... ♕b7!, et après 15. d×ç5 b×ç5 16. ♖×ç5 ♖×ç5 17. ♕×ç5 ♘a6! 18. ♗×a6 ♕×a6 la supériorité de développement noire compense le pion ; les Blancs ont même intérêt à jouer pour la nulle par 19. ♕a3 ♕ç4 20. ♕ç3.

15. d×ç5! b×ç5

Les Blancs répondent à 15. ... ♖×ç5?! par le simple 16. 0-0, parant les menaces noires et conservant une structure de pions supérieure.

16. 0-0 ♖a7?!

La Tour n'est pas bien ici ; il était donc meilleur de chasser le Fou par 16. ... ♕b7 ou 16. ... ♕a7.

17. ♗e2 ♘d7?!

Se précipitant dans un autre clouage déplaisant. Le moindre mal est 17. ... ç4, bien que ce coup donne la fantastique case d4 au Cavalier.

18. ♘d4!

Rendant très difficile aux Noirs l'élaboration d'un plan satisfaisant. Si par exemple 18. ... ♘f6, alors 19. ♘b3! ♘d7 20. ♖ç3! suivi de 21. ♖fç1, exerçant une très forte pression sur le pion ç5. Cette variante est néanmoins supérieure au coup du texte.

18. ... ♕f8?

Déclouant la Dame, mais après...

19. ♘×e6 f×e6 20. e4!

...la position noire est d'une fragilité alarmante.

20. ... d4?

C'est merveilleux d'avoir un pion passé protégé — en finale ! Il signifie ici l'anéantissement final de la position noire, car les pièces blanches — particulièrement le Fou — occupent maintenant toutes les lignes ouvertes qui mènent au Roi noir.

21. f4! ♕e7 22. e5 ♖b8 23. ♗ç4 ♔h8 24. ♕h3!

Fischer joue sur les deux ailes en virtuose. Après 24. ... ♖×b2 25. ♗×e6, l'avance des pions blancs « e » et « f » serait décisive. Ce qui se passe dans la partie n'est bien entendu pas tellement mieux pour les Noirs.

24. ... ♘f8 25. b3! a5 26. f5! e×f5 27. ♖×f5 ♘h7 28. ♖çf1 ♕d8 29. ♕g3 ♖e7 30. h4

Ôtant la case g5 au Cavalier.

30. ... 🨘8b7 31. e6!

Permettant à la Dame de se rendre en e5.

31. ... 🨘bç7 32. ♛e5 ♛e8 33. a4

Ici, et lors des quelques coups suivants, Fischer marque le pas pour démontrer l'impuissance totale des Noirs.

33. ... ♛d8 34. 🨘1f2 ♛e8 35. 🨘2f3 ♛d8 36. ♝d3 ♛e8 37. ♛e4!

Le commencement de la fin. La menace est 38. 🨘f8 +!, par exemple : 37. ... 🨘 × e6 38. 🨘f8 +! ♞ × f8 39. 🨘 × f8 + ♛ × f8 40. ♛h7 mat.

37. ... ♞f6 38. 🨘 × f6!

33

Après 38. 🨘 × f6!

La suppression du défenseur de l'aile-roi noir annonce une fin rapide.

38. ... g × f6 39. 🨘 × f6 ♚g8 40. ♝ç4 ♚h8 41. ♛f4

Les Noirs abandonnent.

La menace est 42. 🨘f8 +, et 41. ... ♚g8 42. ♛ × h6 laisse les Noirs sans défense contre 43. 🨘g6 + 🨘g7 44. e7 +.

CHAPITRE 9

Les mauvais coups : comment les éviter

Les deux approches générales quand on cherche à réussir — dans les affaires, la politique, la vie, les Echecs — sont l'approche positive et la non-négative. Les grands bâtisseurs sont bien sûr ceux qui pensent de façon positive et se démènent pour créer leurs propres succès. C'est également la meilleure façon de procéder aux Echecs, et c'est la raison pour laquelle ce livre porte le titre positif « Comment bien jouer l'ouverture ». Cela ne veut toutefois pas dire qu'il faille tourner en dérision l'approche non-négative. De nombreuses personnes obtiennent des résultats parfaitement honnêtes en se laissant guider par le courant, en ne faisant pas d'excentricités, en adoptant une attitude convenable et en ne faisant rien d'interdit.

Aux Echecs, si vous ne jouez aucun coup vraiment incorrect, vous obtiendrez finalement des résultats tout à fait flatteurs. Il est entendu que vous ne gagnerez pas toutes vos parties, mais une agréable combinaison de nombreux gains et de quelques nulles vous propulsera toujours en tête de classement des tournois. Le but de ce chapitre est de vous aider à éviter les mauvais coups, ce qui laissera de la place aux bons coups ! La vraie façon d'éviter les mauvais coups consiste à jouer en accord avec les principes d'ouverture que nous avons définis. Si un coup ne vous fait pas progresser vers la réalisation d'au moins un des buts d'ouverture, les chances sont grandes pour que ce coup soit mauvais. Un corollaire, utile pour éviter les mauvais coups, est de jouer en accord avec les objectifs fondamentaux du début choisi.

La brillante miniature d'attaque P. Morphy - Duc de Brunswick et Comte Isouard, Défense Philidor, Paris 1858, constitue l'exemple classique de ce qu'il ne faut pas faire :

1. e4 e5 2. ♘f3 d6 3. d4 ♗g4?
L'idée de base de cette défense un peu resserrée qu'est la Philidor est de protéger le pion e5 par 3. ... ♘d7 ou par le plus moderne 3. ... ♘f6! 4. ♘ç3 ♘bd7. Le coup suivant montre pourquoi la défense indirecte du pion par le clouage du Cavalier est inférieure.

4. d×e5! ♗×f3
Forcé pour ne pas perdre un pion.

5. ♕×f3 d×e5 6. ♗ç4 ♘f6?
Les « alliés » voient la menace de mat en un coup, mais passent à côté du prochain coup blanc. Nécessaire était 6. ... ♕e7.

7. ♕b3!

L'attaque double contre b7 et f7 gagne du matériel.

7. ... ♕e7 8. ♘ç3!?

Morphy a maintenant pris la mesure de ses adversaires, et n'est pas intéressé par la finale 8. ♕×b7 ♕b4+, ou par le milieu de jeu supérieur mais quelque peu compliqué 8. ♗×f7+ ♕×f7 9. ♕×b7. Il est convaicu qu'un développement sain et rapide mènera encore plus rapidement au gain.

8. ... ç6 9. ♗g5 b5?

La création d'une nouvelle faiblesse, lorsque l'on souffre d'un grand retard de développement, est normalement équivalente au suicide. L'aile-dame doit être développée par le coup d'apparence horrible 9. ... ♘a6.

MORPHY   **ALLIES**

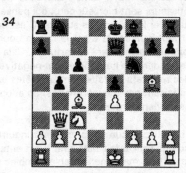

34

Après 9. ... b5?

10. ♘×b5! ç×b5 11. ♗×b5+ ♘bd7 12. 0-0-0

Roquant avec gain de temps. Quand cette partie sera terminée, toutes les pièces blanches auront joué un rôle dans la victoire, tandis que les pièces noires de l'aile-roi seront restées immobiles, tenant le rôle de spectateurs de l'action qui se déroule au centre et sur l'aile-dame.

12. ... ♖d8 13. ♖×d7! ♖×d7 14. ♖d1 ♕e6 15. ♗×d7+! ♘×d7 16. ♕b8+!! ♘×b8 17. ♖d8 mat.

Bien, mais vous allez dire : « C'était il y a plus de cent ans, et le champion du monde jouait contre deux amateurs ». C'est exact, mais comme je l'ai déjà signalé plus haut, les maîtres d'aujourd'hui sont également affectés par cette maladie qui consiste à jouer de mauvais coups, parce qu'ils pensent être devant une exception aux principes d'ouverture, qui en fait n'existe pas. Dans les exemples qui suivent, je n'ai utilisé que des parties récentes, jouées à un niveau de maître. La leçon à retenir, tout du long, est « Comment ne **pas** jouer de mauvais coups ».

1. Si votre coup est contraire à l'esprit du début - ce sera mauvais. Exemple : A. Karpov - A. Loutikov, Moscou 1979, Défense Scandinave :

82   **1. e4 d5 2. e×d5 ♕×d5 3. ♘ç3 ♕d6?**

La Défense Scandinave est un peu inférieure en soi. Indispensable est en tout cas 3. ... ♛a5, pour que la Dame soit en sûreté et immobilise le Cavalier-dame blanc par le clouage résultant de 4. d4. Sur d6, la Dame n'est que vulnérable.

4. d4 ♞f6 5. ♞f3 a6 6. ♝e3 ♞ç6 7. ♛d2 ♝g4 8. ♞g5! e5?
Permettre l'arrivée d'un pion aussi gênant en d5 est tout bonnement stupide. Le coup plus modeste 8. ... e6 était requis.

9. d5! ♞b4 10. f3 ♝f5 11. ♞ge4
Gagnant du temps par l'attaque de la Dame mal placée.

11. ... ♛d7 12. 0-0-0 ç6 13. d×ç6! ♛×d2+ 14. ♖×d2 ♝×e4?! 15. ♞×e4 ♞×ç6 16. ♞×f6+ g×f6 17. ♝d3
Une structure de pions supérieure, un meilleur développement et la paire de Fous dans une position ouverte - la combinaison de ces avantages permet à Karpov de pousser très rapidement les Noirs dans une position sans espoir.

17. ... 0-0-0 18. ♖hd1 ♚ç7 19. ç3 h5 20. ♝f5 ♖×d2 21. ♖×d2 ♞b8 22. h4 ♝h6 23. ♝×h6 ♖×h6 24. a4 ♖h8 25. b4! b6 26. b5 ♖g8 27. ♚ç2 a×b5 28. a×b5 ♖e8 29. ç4
Les Noirs abandonnent.

2. Si vous laissez vos pions sans protection - ce sera mauvais. Exemple : E. Sviechnikov - Buljovcic, Novi Sad 1979, Fianchetto-roi :

1. g3 ç5 2. ♝g2 ♞f6 3. ♞f3 g6 4. ç3 ♝g7 5. d4 0-0?
Roquer représente bien sûr un but attirant, mais on ne doit pas laisser les pions traîner. Juste était 5. ... ç×d4 ou 5. ... ♛b6.

6. d×ç5! ♛ç7 7. b4!
Les Noirs espéraient pouvoir récupérer facilement leur pion, mais il s'avère que ce n'est pas le cas.

7. .. a5 8. ♝f4! ♛ç6 9. 0-0 a×b4 10. ç×b4 ♛b5 11. a3 ♞ç6 12. ♞ç3 ♛ç4 13. ♞a4 ♞d5 14. ♞d2 ♛d4 15. ♝×d5! ♛×a1 16. ♛b3!
Pour récupérer leur pion « sacrifié », les Noirs ont dû négliger leur développe-ment et compromettre leur aile-dame. Un beau sacrifice de qualité donne aux Blancs le temps nécessaire à l'exploitation des faiblesses noires.

16. ... ♛f6 17. ♞e4 ♛f5 18. ♞b6 ♖a7 19. a4! ♝e5 20. ♝×e5 ♞×e5 21. f4 ♞ç6 22. ♖d1 h5 23. ♞g5 e6 24. ♝g2 e5 25. ♝e4 ♛f6 26. ♖d6 ♞d4 27. ♖×f6 ♞×b3 28. ♝d5 ♚g7 29. f×e5 ♞d4 30. ♝×f7
Les Noirs abandonnent.

On peut constater que les Noirs jouent toujours sans leur Tour-dame ni leur Fou-dame !

3. Si vous affaiblissez la position de votre Roi - ce sera mauvais.

A) Exemple avec Roi au centre : V. Jansa - J. Arnason, Polanica Zdroj 1979, Espagnole :

1. e4 e5 2. ♘f3 ♞ç6 3. ♗b5 a6 4. ♗a4 d6 5. 0-0 ♗d7 6. ♖e1 ♞ge7 7. ç3 h6 8. d4

JANSA   ARNASON

1979

35

Après 8. d4

Les Noirs ont choisi la solide mais passive variante Steinitz Différée, dont l'objectif principal est de renforcer (ou surprotéger) e5. Conformément à cette idée, le prochain coup devrait être 8. ... ♞g6. Au lieu de cela...

8. ... g5?

Aucune des pièces noires n'est placée pour l'attaque, et les Blancs n'ont pas de faiblesses sur l'aile-roi. Cette pseudo-attaque ne présente donc pas l'ombre d'une chance de succès, et il ne résultera de ce coup qu'un affaiblissement chronique de la position du Roi noir.

9. d × e5!

Ouvrant la position afin de pouvoir tirer pleinement avantage de la faiblesse que les Noirs se sont infligés.

9. ... d × e5 10. ♘bd2 ♞g6 11. ♘f1 b5?!

Cet affaiblissement de l'aile-dame signifie que le Roi noir ne pourra être en sûreté sur aucune des deux ailes.

12. ♗ç2 g4 13. ♘3d2 ♕h4 14. ♘e3 ♗ç5 15. g3 ♕h3 16. ♘b3 ♗b6 17. ♗d3! ♞çe7 18. ♗f1 ♕h5 19. h3!

Les faiblesses de l'aile-roi noire se retournent contre leur auteur...

19. ... ♗ × e3 20. ♗ × e3 ♖d8 21. ♘ç5 ♗ç8 22. ♕e2 ♖g8 23. ♘ × a6!

...ainsi que les faiblesses de l'aile-dame. Bien entendu, 23. ... ♗ × a6? permet 24. h × g4.

84   **23. ... ♞f4 24. ♗ × f4 ♗ × a6 25. ♗e3 ♖d6 26. ♖ad1 b4 27.**

ç4 ♗b7 28. ♗ç5 ♘ç6 29. ♗×d6 ç×d6 30. ç5 d×ç5 31. ♕b5
♗a8 32. h4 ♔f8 33. ♕×ç5+ ♔g7 34. ♖d7 ♕g6 35. ♗ç4 ♖f8
36. ♖d6 ♘d4 37. ♖×g6+

Les Noirs abandonnent.

B) Exemple avec un Roi ayant roqué : A. Groszpeter - L. Hazai, championnat de Hongrie 1979, Espagnole, Variante Ouverte :

**1. e4 e5 2. ♘f3 ♘ç6 3. ♗b5 a6 4. ♗a4 ♘f6 5. 0-0 ♘×e4 6.
d4 b5 7. ♗b3 d5 8. d×e5 ♗e6 9. ♘bd2 ♘ç5 10. ç3 ♗g4 11. h3
♗h5 12. g4?**

Pourquoi cet horrible affaiblissement de l'aile-roi ? Avec le Roi noir au centre,
le pion e5 est à l'abri ; juste est donc 12. ♗ç2 (12. ... ♘×e5? 13. ♕e1!).

**12. ... ♗g6 13. ♘d4 ♘×d4 14. ç×d4 ♘e6 15. f4 ♗d3! 16.
♖f3 ♗ç4 17. ♘f1 ç5 18. ♗×ç4?**

Ne fait qu'augmenter l'influence centrale adverse. Après le coup de développement 18. ♗e3!, l'avantage noir serait minime.

18. ... b×ç4! 19. d×ç5?! ♗×ç5+ 20. ♔g2 h5!

Simple, mais fort : les Noirs tirent profit du coup 12. g4?.

**21. ♕a4+ ♔f8 22. g5 g6 23. h4 ♕ç8! 24. ♗e3 ♖b8 25. ♖b1
d4 26. ♗f2 ♖b4 27. ♕ç2 ♕b7?**

Gagnant était 27. ... ♕ç6!. Après le coup du texte, les Blancs auraient pu se
défendre par 28. ♘d2!.

**28. f5? d3 29. ♗×ç5+ ♘×ç5 30. ♕f2 ♘e4 31. ♕d4 ç3! 32.
♕×d3 ♖×b2+ 33. ♖×b2 ç×b2 34. f6 ♔g8 35. ♕d8+ ♔h7
36. ♕e7 b1♕**

Les Blancs abandonnent.

4. Si vous n'accordez pas une attention suffisante au centre - ce sera mauvais. Exemple : A. Groszpeter - M. Suba, Kecskemet 1979, Défense Alekhine.

1. e4 ♘f6 2. ♘ç3

Pour prendre l'avantage, il faut jouer 2. e5.

2. ... d5 3. e5 ♘fd7 4. ♘×d5?!

La liquidation des pions centraux signifie que les Blancs n'ont plus qu'une
stricte égalité. Plus logique est 4. d4, menant si les Noirs jouent 4. ... e6 à une
variante de la Défense Française.

4. ... ♘×e5 5. ♘e3 ç5 6. b3?

La case d4 est entre les mains des Noirs, et il n'y a plus grand-chose à faire
pour la leur disputer. Juste est donc 6. g3!, suivi de 7. ♗g2, pour prendre le
contrôle de d5 et préparer le petit roque.

6. ... ②eç6! 7. ♗b2 e5!

Les Noirs tiennent fermement les cases d4 et e5, ainsi que l'avantage !

8. g3 ♗d6 9. ♗g2 0-0 10. ②e2 f5 11. ②ç4 ♗ç7 12. d3 ♗e6

Les Noirs sont mieux parce qu'ils disposent d'une plus grande influence centrale, sans désavantages. Les Blancs devraient maintenant jouer 13. ②ç3! pour contester la case-clé d5. Après le coup du texte, les Blancs touchent les épaules au centre.

KECSKEMET 1979

GROSZPETER   SUBA

36

Après 12. ... ♗e6

13. ♕d2? ♗d5! 14. ♗×d5+ ♕×d5 15. 0-0-0 ②d4 16. ②e3 ♕d6 17. ②ç3 ②8ç6 18. ♔b1 b5! 19. ♖df1 ♗a5 20. f4 ♖ae8! 21. ♕f2 e×f4 22. g×f4 ♖f7 23. ♖hg1 ②b4 24. ♖g3 ♗d8! 25. ♕g2 ♗h4 26. ♖h3 ♖fe7! 27. ②çd1 ②b×ç2!

La maîtrise du centre par les Noirs rend la position mûre pour une combinaison décisive. Si maintenant 28. ♗×d4, les Noirs gagnent par 28. ... ②a3+! 29. ♔b2 ♕×d4+ 30. ♔×a3 ♖×e3! 31. ♖×e3 b4+ 32. ♔a4 ♕d7+ 33. ♔a5 ♗d8+, suivi d'un mat rapide.

28. ②×ç2 ♖e2 29. ♕×e2 ②×e2 30. ♖×h4 ♕×d3 31. ♖e1 ç4 32. ♗e5 ç×b3 33. a×b3 ♕×b3+ 34. ②b2 ♖d8! 35. ②a1 ②ç3+ 36. ♗×ç3 ♕×ç3 37. ♖ç1 ♕f3 38. ②ç2 ♖d2 39. ♖e1 ♖×ç2! 40. ♖e8+ ♔f7

Les Blancs abandonnent.

5. Si vous ne développez pas vos pièces en direction du centre - ce sera mauvais. Exemple : V. Hort - M. Stean, Amsterdam 1979, Défense Sicilienne, Variante Fermée :

1. f4 g6 2. g3 ♗g7 3. ♗g2 ç5 4. e4 ②ç6

On a atteint par transposition de coups quelque chose qui ressemble fort à la Variante Fermée de la Sicilienne. Si les Blancs jouent maintenant 5. ②ç3 ou 5. d3, tout sera « normal ». Cependant :

5. ♘h3? d5!

Quand dans une Sicilienne les Noirs parviennent à effectuer cette poussée thématique, ils ont au moins l'égalité. Si 6. e×d5?! ♗×h3! 7. ♗×h3 ♛×d5, et les Noirs ont un clair avantage. Un peu tard, mais avec raison, Hort commence à prêter attention au centre.

6. ♘ç3!? d×e4 7. ♘×e4 ♘f6 8. ♘×f6+ ♗×f6 9. ♘f2 ♗g7 10. 0-0 0-0 11. d3 ♛ç7 12. ç3 b6 13. ♗d2 ♗b7 14. a3 ♖ad8

Les conséquences du cinquième coup blanc sont que les Noirs ont plus d'influence centrale, et donc un certain avantage. Les Blancs sont tout juste capables de tenir, par une défense précise : 15. ♛a4! ♘a5 16. ♗×b7 ♛×b7 17. ♖ad1 ♛d7 18. ♛ç2 ♛ç6 19. ♘e4 ♖d7 20. ♗e3 ♖fd8 21. f5 g×f5! 22. ♖×f5 ♛e6?! (22. ... ♘ç4! maintient un léger plus) 23. ♖f3! ♛b3 24. ♛×b3 ♘×b3 25. ♘f2 nulle.

6.   Si vous jouez deux fois la même pièce, pour au deuxième coup la placer loin du centre - ce sera mauvais.

Exemple A : L. Portisch - B. Ivkov, Interzonal Rio de Janeiro 1979, Gambit de la Dame Refusé, Variante d'Echange.

1. d4 d5 2. ç4 e6 3. ♘ç3 ♗e7 4. ç×d5 e×d5 5. ♗f4 ç6 6. e3 ♗f5 7. ♘ge2 ♘d7 8. ♘g3 ♗g6 9. ♗e2

RIO DE JANEIRO 1979

PORTISCH   **IVKOV**

37

Après 9. ♗e2

La Variante d'Echange a jusqu'ici été traitée de façon légèrement inhabituelle, mais les Noirs obtiendraient une position satisfaisante après le coup standard 9. ... ♘gf6.

9. ... ♘f8?

Avec l'idée de jouer 10. ... ♘e6. Les Blancs sont cependant en mesure d'exploiter le « sous-développement » noir par le sacrifice pointu suivant :

10. h4!! ♗×h4 11. ♛b3! ♗×g3 12. ♗×g3 ♛b6 13. ♛a3!   87

Les lignes ouvertes et le développement actif font plus que compenser le pion « h » relativement peu important. Les Noirs pourraient tenir par une défense parfaite, mais en pratique, ce type de position est généralement perdu. La partie continua par : 13. ... ♘e7 14. ♘a4 ♕d8 15. ♘c5 ♕b6 16. ♘a4 ♕d8 17. ♘c5 ♕b6 18. ♗e5! f6 19. ♗h2 ♗f7 (peut-être meilleur est 19. ... ♔f7!?) 20. ♗d6! ♘fg6 21. ♗d3! ♘c8 22. ♗g3 a5 23. 0-0 ♘ge7 24. ♖fe1 ♖a7 25. ♕ç3 a4?! (meilleur est 25. ... ♕b4) 26. ♖ab1 ♕d8?! 27. ♗b8! b5 28. ♗×a7 ♘×a7 29. b3 a×b3 30. a×b3 0-0 31. ♖a1 ♘eç8 32. ♗f5 ♖e8 33. ♖a6 ♕ç7 34. ♖ea1 ♖e7 35. ♘d3 ♗e8 36. ♕ç5 ♕b7 37. ♘b4 ♖ç7 38. ♗e6+ ♗f7 39. ♗×ç8 ♘×ç8 40. ♖×ç6 ♖×ç6 41. ♘×ç6. Les Noirs abandonnent.

Exemple B : C. Partos - V. Kortchnoï, Bienne 1979, Défense Vieille Benoni :

1. d4 ♘f6 2. ç4 ç5 3. d5 e5 4. ♘ç3 d6 5. e4 g6 6. h3 ♘h5?

Pourquoi, mais pourquoi ? Justes sont les coups usuels 6. ... ♗g7 ou 6. ... ♘bd7.

7. ♗e3! ♗g7 8. ♗e2 ♕b6 9. a3! ♘f4?! 10. ♗f3 ♗d7 11. ♖b1 ♕a6?! 12. g3 ♘h5 13. ♗e2 0-0 14. ♘b5!

Les Blancs ont un avantage d'espace significatif, et les pièces noires sont mal placées des deux côtés de l'échiquier. Réalisant qu'un jeu normal n'offrirait que peu de perspectives, Kortchnoï opte pour les complications, et marque un gain chanceux : 14. ... f5!? 15. e×f5 ♗×f5 16. ♖ç1 ♘d7?! 17. g4 ♗e4 18. ♖h2 ♘f4 19. f3 ♗×f3 20. ♘×f3 e4 21. ♘g5 ♗×b2 22. ♗e6! ♘×e2 23. ♔×e2 ♗×ç1 24. ♕×ç1 ♘e5 25. ♕ç3 (25. ♕ç2! gagne plus facilement) 25. ... ♖f3! 26. ♖f2! ♖×h3 27. ♖f4? (27. ♘×ç5! gagne) 27. ... ♕a4 28. ♖×e4?? (28. ♘×d6 est suffisant pour annuler) 28. ... ♖h1 29. ♕d2 ♕b3! 30. ♘ç3 ♘×ç4 31. ♕a2 ♕×ç3 32. ♕×ç4 ♕b2+! 33. ♔f3 ♖h3+. Les Blancs abandonnent.

7. Si vous dilapidez des temps - ce sera mauvais. Exemple : R. Rodriguez - L. Ljubojevic, Interzonal Riga 1979, Gambit de la Dame Refusé, Défense Tarrasch.

1. ç4 ç5 2. ♘f3 ♘f6 3. ♘ç3 e6 4. e3 d5 5. ç×d5 e×d5 6. d4 ♘ç6 7. ♗e2 ♘e4!?

Jouant la même pièce deux fois de suite, mais **vers** le centre. Par transposition de coups, nous avons atteint la Défense Tarrasch du Gambit de la Dame Refusé, où les Blancs ont joué e3 et ♗e2 au lieu de développer leur Fou-roi en fianchetto. Cette formation est moins dangereuse pour les Noirs.

8. 0-0 ♗e7 9. h3?

Affaiblit l'aile-roi tout en perdant un temps. Les Blancs conservent une égalité approximative par 9. d×ç5 ♘×ç3 10. b×ç3 ♗×ç5 11. ç4.

9. ... 0-0 10. ♗d3?

Pourquoi déplacer encore le Fou-roi ? Si les Blancs désiraient avoir un Fou en d3, ils auraient dû jouer 7. ♗d3.

10. ... ♗f5! 11. d×ç5 ♗×ç5 12. ♘a4 ♗e7 13. b3 ♕d6! 14. ♗b2 ♕g6 15. ♘e1 ♗×h3! 16. f3

Dans la partie les Noirs jouèrent 16. .. ♖ad8?!, qui n'aboutit qu'à un léger avantage dans la finale résultante (17. ♕e2 ♘g3 18. ♗×g6 ♘×e2+), que les Noirs finirent même par perdre par des gaffes ultérieures. Le gain pouvait être obtenu par 16. ... ♗h4! (menaçant 17. ... ♗×e1) 17. ♕e2 ♘g3! 18. ♗×g6 ♘×e2+ 19. ♔h2 ♗e6!, et les Noirs ont un pion de plus avec une position magnifique.

RIGA 1979

RODRIGUEZ   LJUBOJEVIC

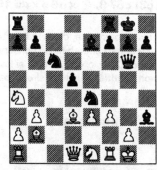

38

Après 16. f3

8. Si vous créez des faiblesses inutiles - ce sera mauvais. Exemple : P. Popovic - S. Marjanovic, Yougoslavie 1979, Défense Sicilienne.

1. e4 ç5 2. ♘f3 d6 3. ♘ç3 a6 4. g3 ♘ç6 5. ♗g2 g6 6. d4! ç×d4 7. ♘×d4 ♗d7 8. ♘d5 e6?

Les Noirs envisageant de développer leur Fou en fianchetto, ce coup affaiblit terriblement le pion-dame. Juste est le normal 8. ... ♗g7, etc., et après 9. ♗e3, 9. ... ♖ç8.

9. ♘e3 ♕ç7 10. 0-0 ♗g7 11. ♘×ç6! b×ç6 12. ♘ç4!

Les dommages causés par le 8e coup noir sont maintenant évidents. La tentative de protéger le pion-dame en l'avançant est réfutée par un brillant sacrifice, rendu possible par la colossale avance de développement blanche.

12. ... d5 13. e×d5 ç×d5 14. ♗×d5! ♖d8

Les Noirs sont sans défense après 14. ... e×d5 15. ♕×d5 - le coup du texte n'offre cependant pas une réponse plus satisfaisante aux problèmes qui se posent.

15. ♗f4 ♕ç5 16. ♘d6+ ♔e7 17. ç4!! e×d5 18. ♘b7 ♕×ç4 19. ♖ç1 ♕b5 20. ♖e1+ ♗e6 21. ♖ç7+ ♔e8 22. ♖×f7!! ♗f6 23. ♖ç7 ♕b6 24. ♕g4 ♘e7 25. ♖×e6 ♕d4 26. ♘×d8

Les Noirs abandonnent.

9. Si vous vous accrochez avidement au matériel - ce sera mauvais. Exemple : G. Sosonko - R. Hübner, Tilburg 1979, Début Catalan.

1. d4 ♘f6 2. ç4 e6 3. g3 d5 4. ♗g2 d×ç4 5. ♘f3 a6 6. 0-0! b5?!

On s'accorde généralement à penser que dans les positions ouvertes la sécurité du Roi est d'une importance primordiale. Il est donc dément de courir sus aux pions égarés ou de s'accrocher à un pion de gambit alors que le roque n'est pas encore effectué. Cependant les positions qui **semblent** fermées peuvent rapidement exploser si l'adversaire possède un avantage en développement, comme c'est le cas ici. La tentative noire de conserver le pion ç4 se voit opposer une réfutation violente. A l'ordre du jour sont des coups comme 6. ... ç5 ou 6. ... ♘ç6, et le plus modeste 6. ... ♗e7 est également raisonnable.

7. ♘e5! ♘d5 8. ♘ç3! ç6? 9. ♘×d5 e×d5 10. e4! ♗e6 11. a4! b4 12. e×d5! ♗×d5?!

Les Blancs ont essayé, avec constance, d'ouvrir la position autant que possible. Les Noirs doivent pour leur part chercher à la conserver le plus possible fermée. Le coup requis est donc 12. ... ç×d5, même si les Blancs peuvent récupérer tout de suite leur pion sacrifié, s'ils le désirent, par 13. ♘×ç4.

13. ♕g4!

TILBURG 1979

SOSONKO   HÜBNER

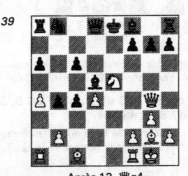

Après 13. ♕g4

Les Blancs ont une attaque gagnante, car 13. ... ♗×g2 est paré par 14. ♖e1!, et 13. ... ♗e6 par 14. ♕h5 ♗e7 15. ♘×ç6.

13. ... h5 14. ♗×d5!! ç×d5 15. ♕f5 ♖a7 16. ♖e1 ♖e7 17. ♗g5 g6 18. ♗×e7

Les Noirs abandonnent.

10. Si vous jouez de façon brouillonne - ce sera mauvais. Exemple : V. Smyslov - L. Portisch, Tilburg 1979, Défense Sicilienne, Variante Najdorf.

1. e4 ç5 2. ♘f3 d6 3. d4 ç×d4 4. ♘×d4 ♘f6 5. ♘ç3 a6 6. ♗g5 e6 7. ♕e2?

L'idée de la suite tranchante 6. ♗g5 est de poursuivre par les coups de développement centraux 7. f4, 8. ♕f3 et 9. 0-0-0. Le coup du texte ne fait rien pour le centre et gêne l'action du Fou-roi.

7. ... h6 8. ♗h4 ♗e7 9. ♗g3?

Les Blancs empêchent le coup égalisateur 9. ... ♘ × e4, qui suivrait 9. 0-0-0, mais tombent ce faisant dans une position inférieure.

9. ... e5! 10. ♘b3 b5! 11. f4 0-0 12. ♕d3?

TILBURG 1979

SMYSLOV   PORTISCH

40

Après 12. ♕d3?

A quoi les Blancs sont-ils parvenus par leur ouverture ? Il a fallu trois coups au Fou de cases noires pour aboutir en g3, la Dame a dépensé deux temps pour trouver une situation peu favorable en d3, et le Cavalier-roi a été mis hors-action en b3. Les Noirs ont complété le développement de leur aile-roi, entrepris leur contre-jeu thématique sur l'aile-dame, et possèdent un pied au centre. Les Noirs sont déjà nettement mieux, et vont agrandir encore leur avantage dans la suite de la partie. Les Blancs auraient naturellement dû faire suivre 11. f4 du cohérent 12. f × e5.

Les Noirs gagnèrent de la façon suivante :

12. ... ♘bd7 13. ♗e2 ♗b7 14. 0-0 ♖ç8 15. ♖ad1 ♕ç7 16. a3 ♘b6 17. ♘d2 ♘fd7 18. ♗g4 ♖çd8 19. ♗ × d7 ♖ × d7 20. ♔h1 ♗f6 21. ♕e3 ♖e8 22. ♗f2 ♘a4! 23. ♘ × a4 b × a4 24. ç3 e × f4 25. ♕ × f4 d5 26. ♕ × ç7 ♖ × ç7 27. ♗g3 ♖çe7 28. e × d5 ♗ × d5 29. ♖de1 ♖e2 30. ♖ × e2 ♖ × e2 31. ♖f2 ♖ × f2 32. ♗ × f2 ♗g5 33. ♗e1 ♗e3 34. ç4 ♗e6 35. ♘f1 ♗a7 36. ♗ç3 ♗ × ç4 37. ♘g3 ♗d3 38. ♘h5 f6 39. h3 ♔f7 40. ♔h2 ♗b8+ 41. g3 ♗g6 42. ♘f4 ♗e4 43. ♔g1 g5 44. ♘h5 ♗a7+ 45. ♔f1 f5 46. ♘f6 ♗ç6 47. h4 ♗ç5 48. ♔e2 ♔g6 49. h × g5 h × g5 50. ♔e1 g4 51. ♗e5 ♗e7 52. ♘g8 ♗g5 53. ♗f4 ♗d8 54. ♗d6 ♔f7 55. ♘h6+ ♔e6 56. ♗f4 ♗f6 57. ♗ç1 ♗d5

Les Blancs abandonnent.

CHAPITRE 10

Le Roque : précoce ou tardif ?

Un roque rapide constitue un des objectifs de base d'une saine stratégie d'ouverture. **Vous devez essayer de roquer rapidement.** Le roque apporte trois bienfaits majeurs : (1) le Roi est en sûreté, (2) la Tour du roque se raproche des lieux potentiels de combat, et (3) le jeu central est activé, parce que le Roi n'encombre plus le chemin, et parce que la Tour du roque peut être utilisée. Ces deux principes directeurs sont généralement applicables :

(1) Il est plus critique de roquer rapidement pour les Noirs que pour les Blancs.

(2) Les positions ouvertes — particulièrement celles qui résultent de 1. e4 — réclament un roque plus précoce que les positions fermées.

On ne peut trop insister sur le fait que dans des positions ouvertes le côté qui n'a pas roqué souffre de deux sérieux problèmes : (1) la position du Roi empêche la réalisation de plans autrement logiques, et (2) le Roi est en soi exposé au danger. Illustrons le premier point par quelques exemples simples. Vous avez les Blancs, et la partie a débuté de la façon suivante : 1. e4 ç5 2. ♘f3 e6 3. d4 ç × d4 4. ♘ × d4 ♘f6. Les Noirs menacent le pion e4, et il serait plaisant de pouvoir jouer 5. e5, sauvant le pion tout en attaquant le Cavalier noir. Cependant 5. e5 est une erreur, les Noirs gagnant le pion pour rien par 5. ... ♛a5 **échec.** Si toutefois les Blancs avaient roqué, e5 serait à la fois sûr et fort.

Considérez aussi cette position, qui survient souvent dans la Variante d'Echange de l'Espagnole : 1. e4 e5 2. ♘f3 ♘ç6 3. ♗b5 a6 4. ♗ × ç6 d × ç6 5. 0-0! Les premiers ordinateurs d'Echecs commerciaux jouaient invariablement 5. ... ♘f6, et après 6. ♘ × e5, 6. ... ♛d4?! avec double attaque sur le Cavalier et le pion. Après 7. ♘f3, les Noirs jouaient 7. ... ♛ × e4??, notant **toujours trop tard** qu'au lieu de récupérer le pion, ce coup perdait la Dame par 8. ♖e1.

Les différents mats dits « des niais », qui terminent la partie en deux, trois ou quatre coups, sont basés sur le fait que le Roi est vulnérable à des attaques soudaines au centre. Dans les positions ouvertes le Roi demeure vulnérable, même s'il ne subit pas de désastre immédiat. Cette vulnérabilité inhérente au Roi est bien illustrée par la partie E. Mednis - E. Ermenkov, New York 1980, Défense Sicilienne, variante Taïmanov :

1. e4 ç5 2. ♘f3 ♘ç6 3. d4 ç × d4 4. ♘ × d4 e6 5. ♘b5 d6 6. ç4 ♘f6 7. ♘1ç3 a6 8. ♘a3 ♗e7 9. ♗e2 b6

93

Nous sommes dans une des lignes de jeu principales de la variante Taïmanov. Les Blancs disposent d'un avantage territorial, mais la position noire est saine et solide. Le coup habituel noir est 9. ... 0-0, bien que la mise en fianchetto immédiate du Fou-dame semble jouable.

10. 0-0 ♝b7 11. ♝e3 ♞e5

Les Noirs peuvent transposer dans une position connue par 11. ... 0-0. En retardant le roque, ils jouent avec le feu.

12. f4! ♞5d7 13. ♝f3 ♛ç7?!

Pourquoi les Noirs ne roquent-ils pas ?

14. ♛e2 ♜b8?!

Il n'y a toujours aucune raison de ne pas roquer.

15. ♜aç1 h6?!

C'est seulement après ce coup que j'ai compris pourquoi le grand-maître bulgare évitait de roquer : il désirait laisser son monarque au centre et attaquer mon Roi. Cependant ce plan est destiné à **ne pas** aboutir. L'aile-roi blanche n'a pas de faiblesses, et l'ouverture à venir de la position exposera le Roi noir. Par mon 16e coup je renforce encore mon Roi, et avec mon 17e coup j'entame la contre-attaque.

16. ♔h1! g5 17. ♝h5! g×f4?!

Il est plus sûr de conserver les lignes fermées par 17. ... ♞×h5 18. ♛×h5 ♞f6 19. ♛e2 g4.

18. ♝×f4 ♞e5

Si 18. ... ♛ç5? 19. ♞d5! et après 19. ... e×d5 20. ç×d5! ♛d4 21. ♜ç4 la Dame noire est capturée. Les Noirs contrôlent bien les cases centrales de leur camp et pensent être ainsi en sécurité. Le coup suivant des Blancs détruit cette illusion.

19. ♞d5!!

NEW YORK 1980

MEDNIS   ERMENKOV

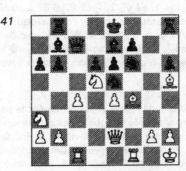

Après 19. ♞d5!!

Pour parvenir jusqu'au Roi noir, il faut ouvrir les lignes et créer des faiblesses dans son entourage. Ce à quoi aboutit parfaitement le sacrifice de Cavalier, suivi de 21. ♗×e5!

19. ... e×d5 20. ç×d5! ♕d8 21. ♗×e5! d×e5 22. ♘ç4 0-0

Les chances de sauvetage sont faibles sur l'aile-roi, qui est ouverte aux grands vents. On peut cependant aussi démontrer que la sécurité du Roi n'est pas suffisante au centre. Ainsi 22. ... ♖ç8 perd à cause de 23. d6! ♗×d6 24. ♖×f6! ♕×f6 (ou 24. ... ♖×ç4 25. ♖e6+! ♔f8 26. ♕×ç4 f×e6 27. ♕×e6) 25. ♖f1 ♕e7 26. ♖×f7 ♕×f7 27. ♗×f7+! ♔e7 28. ♕g4.

23. ♘×e5!

Les Blancs peuvent regagner la figure par 23. d6?, mais espèrent beaucoup plus.

23. ... ♖ç8 24. ♖çd1! ♕ç7

Ou 24. ... ♗d6 25. ♘×f7!, qui gagne, ou bien encore 24. ... ♕d6 25. ♘×f7! ♖×f7 26. ♗×f7+ ♔×f7 27. e5, qui gagne également.

25. d6! ♗×d6 26. ♖×f6 ♗×e5 27. ♕g4+ ♔h7 28. ♗×f7!!

Le point culminant de l'attaque blanche contre la position affaiblie du Roi noir. Il n'y a pas de défense : a) 28. ... ♖×f7 29. ♕g6+ ; b) 28. ... ♗×f6 29. ♕g6+ ♔h8 30. ♕×h6 mat ; c) 28. ... ♗f4 29. ♖×h6+! ♗×h6 30. ♕g6+ ; d) 28. ... ♕ç1!? 29. ♕f5+ ♔g7 30. ♕×e5! ♖ç5 (30. ... ♕×d1+ 31. ♖f1+) 31. ♖g6+ ♔×f7 32. ♕e6 mat.

28. ... ♕×f7 29. ♕f5+ ♔g8 30. ♖×f7 ♖×f7 31. ♕×e5 ♗ç6 32. ♕e6 ♖f8 33. h3

Les Noirs abandonnent.

Si vous avez un doute quant à l'opportunité du roque, roquez ! - les probabilités sont en votre faveur. Dans tous les schémas abstraits traitant des Echecs, il faut attribuer une haute priorité à un roque rapide. Dans les consultations que j'ai données à des programmeurs d'ordinateurs d'Echecs, et dans les conversations que j'ai eues avec ces derniers, j'ai toujours mis en relief l'intérêt que présentait un roque rapide de la part de l'ordinateur.

Vous êtes bien sûr un être humain doté d'une pensée autonome, capable de prendre des décisions indépendantes. Par conséquent, bien qu'il faille accorder toujours une forte priorité au roque, il ne faut pas tomber dans le travers du roque « automatique ». Le roque doit de temps en temps être retardé. Nous pouvons énoncer des lois générales. **Ne roquez pas si :**

(1) Roquer n'est pas sûr.
(2) Il y a quelque chose de mieux à faire.

L'objectif premier du roque étant de mettre le Roi en sûreté, il est clairement désavantageux de roquer sur une aile soumise à l'attaque. Si votre aile-roi est sérieusement affaiblie, le roque de ce côté risque trop d'entraîner des conséquences funestes. Même des faiblesses légères doivent servir de signal d'alarme, conseillant la prudence. Examinez le diagramme 42, R. Hübner - V. Smyslov, Tilburg 1979, après le 10e coup noir (1. d4 d5 2. ç4 ç6 3. ♘ç3 ♘f6 4. ♘f3 d×ç4 5. a4 ♘a6 6. e4 ♗g4 7. ♗×ç4 e6 8. ♗e3 ♗b4 9. ♕ç2 ♗×f3 10. g×f3 0-0) :

HÜBNER   SMYSLOV

42

Après le 10ᵉ coup noir

Les Blancs ont une supériorité centrale considérable, un avantage spatial et deux Fous potentiellement actifs. La position ayant de fortes chances de s'ouvrir, le Roi blanc trouvera sa position inconfortable au centre. Les Blancs doivent donc roquer, mais où ? L'endroit le plus sûr est l'aile-dame ; juste est 11. ♖g1! ç5 12. ♗h6 ♘e8 13. d5 ♘aç7 14. 0-0-0!, et les Blancs ont une forte attaque avec un Roi en relative sûreté. La partie se pousuivit en fait par :

11. 0-0?!

Le Roi n'est pas très bien ici pour deux raisons : (1) le pion « g » fait cruellement défaut, et (2) il y a peu de défenseurs aux alentours (ce qui n'était pas le cas sur l'aile-dame). Il y a encore une autre raison pour laquelle le roque sur l'aile-roi n'est pas conseillé : les Blancs ne peuvent tirer avantage de la colonne ouverte « g » pour attaquer le Roi noir.

11. ... ç5! 12. d5

Après 12. ♗×a6, le coup intermédiaire 12. ... ç×d4! égalise les chances.

12. ... ♗×ç3 13. b×ç3 e×d5 14. ♖fd1

Maintenant, au lieu de 14. ... ♛ç8? 15. e×d5, qui donne l'avantage aux Blancs à cause du puissant pion-dame passé (les Blancs gagnèrent au 30ᵉ coup), juste est 14. ... ♘ç7. Après 15. ♗×ç5 ♖e8 16. ♗e3 (16. ♛a2? perd sur 16. ... ♘d7! 17. ♗×d5 ♛g5+) 16. ... ♖e5 17. ♗f4 ♖h5, les chances d'attaque contre la position affaiblie du Roi blanc offrent aux Noirs d'excellentes perspectives en milieu de jeu.

Ce n'est pas parce que la position d'un Roi n'est pas chroniquement faible que l'adversaire ne peut lancer contre elle une attaque féroce. La possibilité d'une telle action doit elle aussi nous faire retarder le roque. La façon dont s'est déroulée l'ouverture dans la partie R. Vaganian - S. Makaritchev, championnat d'U.R.S.S. 1979, Défense Ouest-Indienne, est instructive.

1. d4 ♘f6 2. ç4 e6 3. ♘f3 b6 4. a3 ♗b7 5. ♘ç3 d5 6. ç×d5 ♘×d5 7. e3 ♗e7 8. ♗b5+ ç6 9. ♗d3 ♘d7 10. e4 ♘×ç3 11. b×ç3 ç5 12. ♗e3

Si les Noirs jouent maintenant le « logique » 12. ... 0-0?!, les Blancs peuvent lancer une violente attaque par 13. h4! suivi de 14. e5, menaçant déjà du sacrifice 15. ♗×h7+ ♚×h7 16. ♘g5+.

12. ... ♛ç7!

Un coup bon et souple attendant que les Blancs déclarent leurs plans. Entre-temps, la Dame noire peut trouver du jeu sur la colonne « ç », et la Tour-dame se rendre en d8 (les Noirs pourraient même effectuer le grand roque !).

13. 0-0 0-0!

Comme les Blancs ont roqué sur l'aile-roi, ils n'ont plus de possibilités d'attaque le long de la colonne « h », des coups tels que h4 étant hors de question. Les Noirs complètent donc le développement de leur aile-roi en roquant de ce côté. Leur Roi est maintenant en sûreté, et la position n'est plus que marginalement en faveur des Blancs (à cause de leur supériorité centrale). Les Noirs finirent par égaliser complètement, et ne perdirent en 31 coups qu'à cause d'une gaffe ultérieure.

Si un Roi au centre est pour le moment en sécurité, on peut à juste titre se demander s'il n'y a pas de coup dont la priorité soit supérieure au roque. Cet « autre coup » peut être de nature défensive ou offensive. Il peut ainsi être indiqué d'empêcher l'adversaire de mener à bien une manœuvre défensive souhaitable. Le cours suivi dans l'ouverture par la partie A. Gipslis - Rouderer, U.R.S.S. 1979, Italienne, en est un bon exemple :

1. e4 e5 2. ♘f3 ♘ç6 3. ♗ç4 ♗ç5 4. ç3 ♘f6 5. d3 d6 6. ♘bd2 a6

Maintenant, sur l'immédiat 7. 0-0?!, les Noirs répliquent par 7. ... ♘a5!, échangent le puissant Fou-roi blanc, et obtiennent une parfaite égalité. Les Blancs empêchent donc cette possibilité.

7. ♗b3! 0-0

Bien entendu 7. ... ♘a5 est maintenant sans objet, les Blancs répondant par 8. ♗ç2, menaçant de 9. b4 comme du stratégique 9. d4.

8. 0-0!

Seulement maintenant - notez cependant que les Blancs ont quand même roqué assez rapidement !

8. ... ♗a7 9. ♖e1 ♘e7 10. h3 ♘g6 11. ♘f1 h6 12. ♘g3 ç6 13. d4!

Les Blancs ont empêché les Noirs d'échanger des pièces, et détiennent un net avantage grâce à leur claire supériorité centrale. Les Blancs gagnèrent au 36ᵉ coup.

Si votre adversaire menace de jouer une suite qui lui donnera l'avantage, il devient encore plus important de différer le roque. Le diagramme 43, V. Smyslov - O. Romanichine, Tilburg 1979, Anglaise, montre la position après 1. ç4 e5 2. ♘ç3 ♘f6 3. ♘f3 ♘ç6 4. e3 ♗b4 5. ♛ç2 ♗×ç3 6. ♛×ç3 ♛e7 7. a3 0-0 8. d3 a5 9. ♗e2?! (meilleur 9. b3) 9. ... a4.

Grâce à l'imprécision du 9ᵉ coup adverse, les Noirs sont parvenus à « fixer » l'aile-dame blanche (rendant difficiles les poussées b3 ou b4). Les Fous blancs ont un faible rayon d'action, tandis que les Noirs sont prêts à l'avance centrale... d5. Juste pour les Blancs est maintenant 10. e4!, avec les idées suivantes : (1) le coup noir ... d5 est interdit ; (2) les Blancs ont un ferme contrôle de

97

d5 ; (3) une diagonale est ouverte pour le Fou-dame. Les Blancs préférèrent le coup automatique et négligent 10. 0-0?!, après lequel les Noirs auraient pu prendre un léger avantage par le thématique 10. ... d5! 11. ç×d5 ♘×d5 12. ♕ç2 ♗e6, car dans cette position les Noirs sont plus actifs et contrôlent plus d'espace.

SMYSLOV   ROMANICHINE

43

Après 9. ... a4

(Ils se sont en fait contentés de l'égalité par le coup plus modeste 10. ... d6, mais gagnèrent quand même au 33ᵉ coup.)

Maintenant, des exemples « positifs » où le roque a été retardé. Personne n'est assez stupide pour roquer quand il peut mater en un ou gagner la Dame pour rien. Il existe également d'autres situations moins évidentes où il est indiqué d'économiser le temps utilisé pour roquer. Combien de fois ne s'en est-il pas fallu exactement d'un temps pour que notre attaque aboutisse ? Très souvent, bien sûr. On ne peut rejeter la responsabilité sur le roque qu'en de rares occasions, mais il ne faut pas pour autant perdre cette possibilité de vue. Suivons le déroulement de l'ouverure dans la partie F. Trois - L. Ljubojevic, Buenos Aires 1979, Anglaise :

1. ç4 e5 2. ♘ç3 ♘ç6 3. g3 d6 4. ♗g2 ♗e6 5. d3 ♕d7 6. b4 ♘ge7 7. b5 ♘d8 8. a4 ç6 9. ♗a3

Les Blancs mettent l'accent sur le développement de leur aile-dame, ce qui leur permet de faire pression sur l'aile-dame adverse.

9. ... d5 10. b×ç6 b×ç6 11. ç×d5 ç×d5 12. ♘f3 f6

Le résultat de l'ouverture donne un avantage de développement aux Blancs, tandis que les Noirs ont une plus grande influence centrale grâce à leurs pions. Dans la partie les Blancs continuèrent de façon routinière par 13. 0-0?! et finirent par ne rien obtenir en compensation de leur infériorité centrale. Il fallait poursuivre de manière cohérente, en exploitant l'avance de développement par :

13. d4! e4 14. ♘d2

Le dernier coup noir était forcé. Les Blancs menacent maintenant de se rendre en ç5, via b3.

14. ... ♖ç8 15. ♘b5! ♘eç6 16. ♗×f8 ♖×f8 17. ♘b3 ♘b7

98

18. ♘ç5! ♞×ç5 19. d×ç5

Les Blancs ont une position active, prometteuse, et menacent de l'immédiat 20. ♞d6 +.

Pour finir, une partie où les Blancs démontrent parfaitement la logique du roque tardif. Mais notez s'il vous plaît que ce sont les **Blancs** qui se le permettent, et que nous avons à faire à un début fermé.

ZONAL DE VARSOVIE 1979

W. SCHMIDT   A. KULIGOWSKI

Défense Benoni

1. d4 ♞f6 2. ç4 ç5 3. d5 e6 4. ♞ç3 e×d5 5. ç×d5 d6 6. e4 g6 7. ♞f3 ♝g7 8. ♝g5 h6 9. ♝h4 a6 10. ♞d2 b5 11. a4!

Les Blancs obtiennent la case ç4 pour leurs Cavaliers en minant la formation de pions noirs de l'aile-dame.

11. ... b4 12. ♞çb1 ♛e7

L'immédiat 12. ... 0-0 semble meilleur.

13. f3 g5 14. ♝f2! 0-0 15. ♝e2 ♞bd7 16. ♞ç4!

Activant les deux Cavaliers par ce coup et le suivant. Les Noirs devraient maintenant échanger un Cavalier par 16. ... ♞e5.

16. ... ♞h5?! 17. ♞1d2! ♞f4 18. 0-0!

Après 18. 0-0!

Les buts stratégiques prioritaires ont été atteints, et le pion g2 a besoin de protection ; les Blancs roquent donc !

18. ... f5 19. ♖e1 ♞×e2+ 20. ♖×e2 f4 21. e5!

Cette poussée centrale thématique donne l'avantage aux Blancs. La supériorité de leur développement et les faiblesses positionnelles noires assurent que le matériel sacrifié sera récupéré, un jour ou l'autre.

21. ... d×e5 22. ♞e4! a5 23. ♖ç1 ♝a6 24. ♖eç2! ♝×ç4 25. ♖×ç4 ♖fd8 26. ♝×ç5 ♛f7 27. ♝d6 ♞b6 28. ♖ç5 ♖d7 29. ♖b5 ♞ç8 30. ♖ç6??

Une tragique faute de zeitnot : les Blancs ne s'aperçoivent qu'après la réplique noire qu'ils ne peuvent bouger le Fou attaqué à cause de 31. ... ♕ × ç6. Ils auraient dû jouer 30. ♖ b8!, et après 30. ... ♖ × b8 31. ♗ × b8 ils tiennent leur adversaire dans un étau et poursuivront par le décisif 32. d6!.

30. ... ♕g6! 31. ♖ × a5 ♖ × a5 32. ♖ × ç8+ ♔f7 33. ♗ç5 ♕a6! 34. ♗ × b4 ♖ × a4

Les Blancs abandonnent.

Ici, il est peut être bon de se reporter au chapitre précédent, et d'étudier encore la partie Portisch - Ivkov, où les Blancs roquèrent tardivement mais correctement au 23ᵉ coup.

CHAPITRE 11

Le jeu des pions :

centre, formations, faiblesses

Philidor a un jour affirmé que les pions étaient « l'âme des Echecs ». Le jeu des pions est bien entendu important, mais ne représente qu'un des nombreux stratagèmes-clés. Il y a cependant un aspect très important du jeu des pions qui ne s'applique à aucune autre pièce : un pion ne peut faire marche arrière ! On peut souvent réparer un mauvais coup de Dame, Tour, Fou, Cavalier ou Roi en replaçant simplement cette pièce sur la case d'où elle était venue. Pas avec un pion ! Il faut donc prendre de très grandes précautions avant de toucher à un pion. Les coups de pions sont connus pour être de mauvais « coups d'attente » (c'est-à-dire le genre de coup qui maintient le statu quo). C'est parce que tout coup de pion altère la position de façon irrévocable. Ne jouez jamais **volontairement** un coup de pion, **si vous n'êtes pas absolument convaincu qu'il sera mieux placé sur sa nouvelle case que sur l'ancienne !**

Nous allons entamer notre discussion du jeu de pions par les concepts les plus importants concernant le traitement du centre. Examinons la position la plus habituelle de la variante fermée de l'Espagnole, après les coups 1. e4 e5 2. ♘f3 ♘c6 3. ♗b5 a6 4. ♗a4 ♘f6 5. 0-0 ♗e7 6. ♖e1 b5 7. ♗b3 d6 8. ç3 0-0 9. h3.

Dans le traitement fermé de l'Espagnole, la plus haute priorité stratégique des Noirs est de s'assurer de la solidité de leur bastion central, le pion e5. Le dernier coup blanc a préparé l'attaque sans risques du pion-roi noir par 10. d4. Une suite noire populaire est maintenant la variante Breyer (il serait plus exact de parler du « regroupement de Breyer »).

Espagnole, variante fermée

45

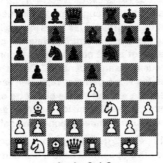

Après 9. h3

9. ... ♘b8 10. d4

Les quatre cases centrales primaires — déjà étudiées au chapitre 1 — sont d4, e4, d5 et e5. Limitons pour un court instant nos évaluations centrales aux colonnes « d » et « e ». Nous pouvons arbitrairement (mais assez raisonnablement) attribuer une valeur de deux à un pion central sur sa quatrième rangée, et une valeur de un à un pion central sur sa troisième rangée. Si nous additionnons ici les valeurs, nous avons 2 + 2 = 4 pour les pions centraux blancs et 1 + 2 = 3 pour les pions centraux noirs. Les Blancs ont plus d'influence au centre par pions d'un point de vue arithmétique (4 vs. 3), comme d'un point de vue relatif (4 ÷ 3 = 1,33).

10. ... ♘bd7!

Voilà l'idée de Breyer. Mais réfléchissons un peu aux conséquences qu'entraînerait 10. ... e×d4?. Il pourrait sembler que les Noirs effectuent un échange équivalent, puisqu'ils abandonnent leur pion-roi sur sa quatrième pour le pion-dame blanc sur sa quatrième rangée. Mais les Noirs restent avec 3 - 2 = 1 unité de pions centraux, tandis que les Blancs conservent 4 - 2 = 2 unités. La différence arithmétique est toujours d'une unité, mais il s'est opéré une grande différence quant à l'influence centrale proportionnelle. Celle-ci est maintenant de 2 ÷ 1 = 2, considérablement plus élevée que le chiffre de 1,33 qui existait avant l'échange. Ainsi, l'influence centrale des Blancs s'est grandement accrue d'un point de vue proportionnel.

La situation réelle des Noirs serait même encore pire que ce que montrent les calculs ci-dessus, car les Blancs peuvent jouer 11. ç×d4! au lieu de reprendre de la Dame ou du Cavalier. Ils ont alors une puissance de « pions centraux » de 2 + 2 = 4 unités, tandis que les Noirs n'en ont plus qu'une. D'un point de vue arithmétique les Blancs ont une avance de trois unités, mais ils mènent par 4 ÷ 1 = 4 d'un point de vue proportionnel ! Nous voyons maintenant à quel point l'échange noir 10. ... e×d4 serait désastreux en ce qui concerne l'influence centrale. On appelle 10. ... e×d4 « abandonner le centre ». **N'abandonnez jamais, jamais le centre, à moins d'y être contraints ou d'obtenir une compensation convenable en retour.**

11. ♘bd2

Le coup blanc normal. Que se passerait-il toutefois si les Blancs jouaient à la place 11. d×e5!?. Si les Noirs reprennent du Cavalier, 11. ... ♘×e5?!, tout va bien pour les Blancs, qui ont une puissance de pions centraux arithmétique de 4 - 2 = 2, alors que celle des Noirs est de 3 - 2 = 1, ce qui fait que d'un point de vue proportionnel, les Blancs ont augmenté leur influence jusqu'à 2 ÷ 1 = 2. Remarquez cependant ce qui arrive si les Noirs jouent 11. ... d×e5! : la position au centre est maintenant absolument équivalente, chaque camp y possédant deux unités. L'échange effectué par les Blancs a donc abouti à une baisse absolue et relative de leur puissance centrale. On dit des Blancs quand ils jouent 11. d×e5 (et que les Noirs peuvent répliquer par 11. ... d×e5) qu'ils « relâchent la tension centrale ». Il est visible que **cette opération est désavantageuse. Ne relâchez jamais, jamais la tension centrale, sauf si vous n'avez pas le choix ou si vous obtenez une compensation convenable.**

Nous sommes après 11. ♘bd2 dans la variante principale. Les deux camps tenteront de compléter le développement de leur aile-dame. Pendant encore un bon moment, les Blancs vont tâcher d'obliger les Noirs à « abandonner le centre », tandis que les Noirs lutteront pour forcer les Blancs à « relâcher la tension centrale ».

Les considérations ci-dessus nous permettent de mieux comprendre la logique dictant la variante principale de la Défense Slave, que nous avons brièvement considérée au chapitre 7. Après 1. d4 d5 2. ç4 ç6 3. ♘ç3 ♘f6 4. ♘f3 les Noirs « abandonnaient le centre » en jouant 4. ... d×ç4. Ils obtenaient cependant en compensation les trois avantages suivants : (1) le libre développement de leur Fou-dame ; (2) un temps de développement important, les Blancs étant « forcés » de jouer le coup 5. a4, qui n'avance en rien la mobilisation de leurs forces ; (3) le contrôle permanent de la case b4, qui est potentiellement utile au Fou-roi ou au Cavalier-dame.

L'autre question importante est de savoir comment reprendre quand deux pions peuvent effectuer la prise. Le diagramme 46. B. Spassky - A. Karpov, 2e partie du match, 1974, Défense Caro-Kann, après le 12e coup blanc (1. e4 ç6 2. d4 d5 3. ♘ç3 d×e4 4. ♘×e4 ♗f5 5. ♘g3 ♗g6 6. ♘f3 ♘d7 7. ♗d3 e6 8. 0-0 ♘gf6 9. ç4 ♗d6 10. b3 0-0 11. ♗b2 ç5 12. ♗×g6), illustre une situation caractéristique.

1974, 2e partie du match

SPASSKY   KARPOV

Après 12. ♗ × g6

12. ... h × g6!

Le principe général est très clair : capturez **toujours vers** le centre, à moins qu'il n'y ait une **très bonne raison** de faire autrement. La logique en est très claire : dans notre cas un pion « h » est transformé en pion « g », et le contrôle de la case centrale secondaire f5 est renforcé. De plus la formation de pions noire reste saine. Dans cette situation 12. ... f×g6?! comporterait deux désavantages : la diminution de l'influence centrale, ainsi que l'isolation du pion-roi, qui deviendrait très vulnérable. Dans le type de positions que montre le diagramme 46, il y a deux situations où la reprise avec le pion « h » serait inférieure : (1) si les Blancs pouvaient lancer une forte attaque le long de la colonne « h » en y doublant leurs pièces lourdes, (2) si les Noirs pouvaient faire un remarquablement bon usage de la colonne « f ». Comme ces conditions ne sont pas présentes ici, la seule capture correcte est « vers le centre ».

La partie fut déclarée nulle après les quelques coups 13. ♖e1 ♕ç7 14. d×ç5 ♗×ç5 15. ♕ç2 ♖fd8 16. ♘e4 ♘×e4 17. ♕×e4 - bien que les   103

Blancs conservent un léger avantage.

Le genre de positions où il est plus utile de reprendre « vers l'extérieur » est illustré par le cours de la partie Y. Dorfman - Sviechnikov, U.R.S.S. 1978, Défense Benoni :

1. d4 ♘f6 2. ç4 ç5 3. d5 e6 4. ♘ç3 e×d5 5. ç×d5 d6 6. ♘f3 g6 7. e4 ♗g7 8. ♗g5 h6 9. ♗h4 g5?! 10. ♗g3 ♘h5 11. ♗b5+ ♔f8 12. e5! ♘×g3 13. f×g3!

DORFMAN   SVIECHNIKOV

47

Après 13. f×g3!

Les Blancs, par leurs 11e et 12e coups, ont lancé une attaque directe contre le Roi noir. La reprise du pion « f » en est la seule suite logique, puisqu'elle permet d'ouvrir la colonne « f » sur le Roi noir déroqué. Dans l'hypothèse de la capture « stratégique » 13. h×g3?, les Noirs gagneraient un pion pour rien par 13. ... d×e5.

13. ... a6 14. ♗d3 d×e5 15. 0-0 b5 16. ♕e2 ç4 17. ♘×e5!

La sous-variante 9. ... g5?! a disparu de la pratique des maîtres à cause de la force du plan associé aux 12e et 13e coups blancs. Les Blancs obtiennent toujours une très violente attaque - et gagnent généralement. C'est également le cas ici.

17. ... ♕b6+ 18. ♔h1 ç×d3 19. ♕h5! ♔g8 20. ♕×f7+ ♔h7 21. d6! ♕×d6 22. ♘e4! ♕×e5 23. ♘f6+ ♕×f6 24. ♖×f6 ♖g8 25. ♖×h6+ ♔×h6 26. ♕×g8 ♘d7 27. ♕d5 ♖a7 28. ♕ç6+ ♘f6 29. ♕×ç8 ♖e7 30. h4! ♘e4 31. ♔h2 g×h4 32. g×h4 ♗e5+ 33. g3! ♘×g3 34. ♔h3 ♗d6 35. ♕f8+ ♔h7 36. ♕×e7+ ♗×e7 37. ♔×g3 ♗f6 38. ♖d1

Les Noirs abandonnent.

D'un point de vue purement stratégique le principe de reprise des pions « vers le centre » est toujours correct. Cependant, dans le tout début de l'ouverture, d'autres facteurs comme le développement sont souvent d'une importance primordiale. Considérez la variante d'échange de l'Espagnole : 1.

e4 e5 2. ♘f3 ♘ç6 3. ♗b5 a6 4. ♗ × ç6. Selon notre principe, 4. ... b × ç6 est le coup juste. Cependant, après cette reprise les Noirs ont des problèmes pour se développer et pour protéger e5, facteurs que les Blancs peuvent exploiter par l'actif 5. d4!. Le meilleur pour les Noirs est ainsi « l'excentrique » 4. ... d × ç6!, qui avance le développement de la Dame et du Fou-dame, tandis que 5. ♘ × e5?! est aisément paré par 5. ... ♛d4!.

Une réflexion similaire s'applique à la ligne de la variante Nimzovitch de la Défense Sicilienne : 1. e4 ç5 2. ♘f3 ♘f6 3. e5 ♘d5 4. ♘ç3 ♘ × ç3. D'un point de vue central immédat, 5. b × ç3 est exact, mais ce coup offre aux Noirs l'occasion de supprimer l'avant-poste blanc e5 par 5. ... d6, obtenant l'égalité. Considérablement plus fort pour les Blancs est le coup de développement 5. d × ç3!, car 5. ... d6 peut alors être paré par 6. e × d6!, et que les Noirs jouent 6. ... e × d6 ou 6. ... ♛ × d6 7. ♛ × d6 e × d6, leur pion-dame deviendra une sérieuse faiblesse.

La question de la sécurité du Roi doit toujours être présente à l'esprit lorsque l'on considère une capture. Par exemple, après 1. d4 ♘f6 2. ♗g5 d5 3. ♗ × f6, comment les Noirs doivent-ils reprendre ? Si la seule considération était l'influence centrale, 3. ... g × f6 serait de loin la meilleure prise. Seulement le pion « h » est alors isolé, et l'absence de pion « g » rend la position du Roi noir relativement incorfortable. Par conséquent la majorité des maîtres préfère actuellement le coup de développement sain et solide 3. ... e × f6.

L'expression « formation de pions » signifie tout simplement la position des pions tels qu'ils sont sur l'échiquier. On fait souvent référence à un secteur particulier de l'échiquier, que ce soit le centre, l'aile-dame ou l'aile-roi. Souvenez-vous toujours qu'un changement apparemment léger dans la formation des pions peut avoir des conséquences durables majeures. Pour illustrer cela, examinons une position très fréquente de la Défense Est-Indienne : 1. d4 ♘f6 2. ç4 g6 3. ♘ç3 ♗g7 4. e4 d6. Quand on évalue cette position, il est aisé de constater que les Blancs disposent d'une considérable supériorité centrale grâce à leurs trois pions sur la quatrième rangée. Les Noirs, d'un autre côté, se sont concentrés sur le développement de leur aile-roi et n'ont qu'une modeste influence centrale par pion. Les Blancs ont maintenant trois continuations parfaitement logiques, menant chacune à une formation de pions centrale différente :

1. Variante Classique : 5. ♘f3 0-0 6. ♗e2. Les Blancs annoncent ici qu'ils sont parfaitement heureux de ce qu'ils ont déjà obtenu au centre.

2. Variante Sämisch : 5. f3 0-0 6. ♗e3. Les Blancs veulent assurer le centre et jouent donc 5. f3. La « Sämisch » n'est pas une variante d'attaque aiguë, mais une tentative stratégique pour conserver un avantage central et spatial.

3. Attaque des Quatre Pions : 5. f4 0-0 6. ♘f3. Les Blancs ne sont pas satisfaits d'avoir « seulement » trois pions sur la quatrième rangée au centre, et en désirent un quatrième ! C'est un essai très tranchant d'écraser les Noirs sous une avalanche rapide de pions centraux. Notez cependant que les Blancs ont négligé leur développement de figures et que leur centre, avec ses quatre pions en avant, manque de support solide.

Dans aucune des variantes que nous avons considérées ci-dessus les Blancs n'ont ce que nous pourrions appeler une faiblesse structurelle de leur formation de pions. Leur pion-roi est clairement invulnérable à toute attaque, ce qui fait que les Noirs doivent chercher du contre-jeu central par l'attaque du pion-dame. Dans la variante classique et dans la Sämisch, ... e5 était la plus efficace. Dans la variante des Quatre Pions, le coup f4 a essentiellement eu pour résultat d'empêcher ... e5, mais ici ... ç5 (6. ... ç5!) offre un excellent contre-jeu.

Il existe également des variantes — dont certaines sont même populaires — où l'un des camps accepte une faiblesse structurelle fondamentale. Une des principales lignes de la variante Najdorf de la Défense Sicilienne se déroule ainsi : 1. e4 ç5 2. Cf3 d6 3. d4 ç × d4 4. ♘ × d4 ♘f6 5. ♘ç3 a6 6. ♗e2 e5 7. ♘b3 - voir le diagramme 48.

Défense Sicilienne
Variante Najdorf

48

Après 7. ♘b3

Grâce à 6. ... e5 les Noirs ont chassé les deux Cavaliers blancs et se sont eux-mêmes solidement implantés au centre.

Cette avance centrale noire présente néanmoins deux aspects négatifs. Tout d'abord le pion-dame est devenu « arriéré », c'est-à-dire vulnérable à une attaque frontale et incapable d'avancer. On peut constater que le Fou-roi devra demeurer sur la case inactive e7 rien que pour protéger suffisamment ce pion. Enfin, la case d5 a été irrémédiablement affaiblie, les Noirs ne possédant plus de pion capable de la protéger.

Il y a beaucoup de forts joueurs qui ne jouent pas 6. ... e5 sur 6. ♗e2 à cause de ces inconvénients. Ils préfèrent soit 6. ... e6, transposant dans la variante Scheveningue où les Noirs ont un bon contrôle de la case d5, soit — malgré la perte de temps occasionnée par 5. ... a6 — 6. ... g6, transposant dans la variante du Dragon. Dans chaque cas, les faiblesses structurelles de la formation de pions noirs sont bien moindres qu'après 6. ... e5.

Le jeu exact des pions requiert de ne pas créer volontairement de pions faibles. Les pions faibles sont des pions isolés, doublés ou arriérés. Ils doivent être évités par principe, sauf si l'on peut choisir une compensation valable en retour.

Un pion « isolé » est un pion solitaire, qui n'a pas de voisin sur une colonne adjacente. La ligne suivante de la variante Tarrasch de la Défense Française offre à cet égard une situation caractéristique : 1. e4 e6 2. d4 d5 3. ♘d2 ç5 4. e×d5 e×d5 5. ♗b5+ ♘ç6 6. ♘gf3 ♗d6 7. d×ç5 ♗×ç5 8. 0-0 ♘e7 9. ♘b3 ♗d6 - voir diagramme 49.

**Défense Française
Variante Tarrasch**

49

Après 9. ... ♗d6

Il est facile de voir que le pion-dame noir est irrémédiablement faible, car aucun autre pion ne peut l'appuyer. Dans ce cas, les Noirs espèrent que les cases centrales couvertes par le pion-dame, associées au développement plutôt libre et harmonieux des pièces mineures constitueront une compensation suffisante pour la faiblesse structurelle du pion.

Les pions « doublés » ne sont pas nécessairement faibles, sauf bien entendu les pions doublés isolés. Les pions doublés qui font partie d'un groupe de pions peuvent donner satisfaction d'un point de vue défensif. Leur problème majeur est leur manque d'efficacité en attaque. Tout d'abord, quand ils avancent, ils peuvent aisément ouvrir de larges brèches dans leur précédent territoire. Il y a ensuite le fait qu'il est impossible de créer un pion passé à partir de certains types de majorités contenant des pions doublés. Une ligne autrefois très jouée de la variante d'échange de l'Espagnole se déroule ainsi : 1. e4 e5 2. ♘f3 ♘ç6 3. ♗b5 a6 4. ♗×ç6 d×ç6 5. d4 e×d4 6. ♕×d4 ♕×d4 7. ♘×d4. Bien que la partie soit à peine entamée, des formations de pions caractéristiques se sont déjà établies : sur l'aile-roi les Blancs ont une majorité de quatre pions contre trois, et cette majorité est « mobile », ce qui signifie qu'il est possible à volonté d'y créer un pion passé. Les Noirs ont une majorité 4/3 sur l'aile-dame, mais leur majorité est statique. Elle est parfaite en défense mais n'est pas d'un grand secours en attaque. Si les Blancs jouent leurs pions de l'aile-dame de façon correcte, les Noirs ne peuvent jamais forcer la création d'un pion passé. Si par exemple les pions « a » et « b » sont échangés, il reste deux pions « ç » pour les Noirs et un pour les Blancs - ce qui ne mène les Noirs nulle part. Il ne fait aucun doute que dans la position après 7. ♘×d4, les Blancs ont une formation de pions supérieure. Les Noirs doivent rechercher des compensations dans leurs lignes ouvertes et dans le bon développement de leurs pièces mineures, en particulier de leur paire de Fous.

On a déjà brièvement traité du pion « arriéré » dans ce chapitre lorsque l'on discutait la ligne de la variante Najdorf de la Sicilienne résultant de 6. ♗e2 e5. Les Noirs y acceptent un pion arriéré en échange d'une plus grande influence sur e5 et d4. D'une manière générale, cependant, les pions arriérés doivent être évités, non seulement parce qu'ils sont vulnérables à une attaque frontale, mais aussi parce qu'ils sont immobiles. Examinons le diagramme schématique suivant représentant des pions de l'aile-dame : les Blancs ont une majorité de deux contre un sur l'aile-dame, mais doivent trouver le bon moyen de la mobiliser. Faux est 1. a4?, après quoi le pion « b » est immédiatement arriéré, car il ne peut avancer à b4 en sécurité. Egalement incorrect est 1. a3?, car après 1. ... a4! le pion « b » est une fois de plus arriéré et incapable d'avancer. Notez que dans chacun de ces deux cas, un unique pion noir s'est avéré capable de contenir deux pions blancs. La bonne façon de mobiliser les pions de l'aile-dame est 1. b3 suivi de 2. a3! et 3. b4. Les Blancs sont alors assurés de parvenir à leurs fins : la création d'un pion passé à partir de leur majorité de pions saine.

Diagramme schématique des pions de l'aile-dame

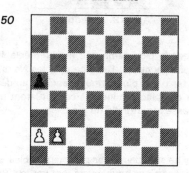

50

Les faiblesses de pions discutées jusqu'ici — pions isolés, doublés, arriérés — sont les faiblesses **structurelles** les plus importantes. Mais il est tout aussi essentiel de saisir le concept de faiblesse de pions **dynamique**. Au fur et à mesure qu'un pion s'éloigne de sa position de base, il devient plus accessible aux attaques par figures ou pions adverses. Bien sûr, la plupart du temps il n'y a aucune raison de s'inquiéter. Cependant il faut toujours exercer la plus grande prudence en ce qui concerne les poussées de pions à proximité de son Roi. Si on s'attend à une attaque directe contre son propre Roi, il vaut mieux ne pas toucher aux pions qui le protègent. Des exemples typiques de ce qu'il faut ou ne faut pas faire surgissent de la ligne de jeu suivante de la Scheveningue : 1. e4 ç5 2. ♘f3 e6 3. d4 ç×d4 4. ♘×d4 ♘f6 5. ♘ç3 d6 6. ♗ç4 ♗e7 7. ♗b3 0-0 8. ♗e3 ♘a6 9. f3 ♘ç5 10. ♕d2 a6 11. g4 - voir diagramme 51.

Il est clair que les Blancs lancent une attaque directe contre le roque noir. On peut également prédire que les Blancs eux-mêmes ne roqueront **pas** sur l'aile-roi. (Ils roqueront très probablement sur l'aile-dame). Le plan blanc immédiat est de déloger le Cavalier noir bien placé en f6 par 12. g5. Que doivent faire les Noirs contre cette menace, dans l'hypothèse où ils doivent réagir ? Deux approches sont concevables.

Défense Sicilienne
Variante Schveningue

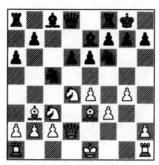

51

Après 11. g4

A) **Incorrect** est : 11. ... h6?, car après 12. h4! suivi de 13. g5, non seulement le Cavalier sera quand même chassé, mais, ce qui est plus grave, l'avance du pion h7 permettra aux Blancs d'ouvrir une colonne contre le Roi noir.

B) **Correct** est d'abandonner le Roi à son propre sort et de se tenir prêt à créer du contre-jeu sur l'aile-dame. Logique est donc 11. ... ♛ç7! 12. g5 ♞fd7 13. h4 b5!. La position est bien sûr encore à double tranchant, mais les nombreuses expériences effectuées par des maîtres permettent de conclure que les chances noires ne sont en rien inférieures aux chances blanches.

TABLE DES MATIÈRES

Aubin Imprimeur
LIGUGÉ, POITIERS

Achevé d'imprimer en avril 1987
N° d'édition 7288 / N° d'impression L 23275
Dépôt légal, avril 1987
Imprimé en France

ISBN 2-246-36791-3
ISSN 0763-5982